Tomar Partido

Ensayos y Crónicas Periodísticas sobre Derecho,
Economía, Política y Sociedad
(abril 2014- abril 2015)

Teresa Maria Geraldes Da Cunha Lopes

Colección "Transformaciones Jurídicas y Sociales en el
Siglo XXI", Serie 14 número 1

UMSNH/CIJUS /DIARIO VISIÓN /GRUPO CRÓNICAS
REVISTA/ATIEMPO

Abril 2016

Título:
Tomar Partido.
Ensayos y Crónicas Periodísticas sobre Derecho, Economía, Política y Sociedad
(abril 2014- abril 2015)

Autor:
Teresa Maria Geraldes Da Cunha Lopes

Edición:
Primera Edición
Fecha de Edición:
29 de abril 2016
Diseño de Edición:
Pedro Emiliano Rusiles
Colección Transformaciones Jurídicas y Sociales Serie 14 no. 1
Facultad de Derecho y Ciencias Sociales UMSNH
ISBN-13: :978-1533271105
ISBN-10:1533271100

DEDICATORIA

A mi Padre, Álvaro Da Cunha Lopes, modelo de pensamiento y de acción, con quién aprendí a leer el mundo y a vivir la Historia en el presente. En él vive el espíritu de abril y de la Revolución de los Claveles

A Macario Ramos Chávez, Alejandra Ortega y Víctor Arciga, pioneros del periodismo electrónico en Michoacán y luchadores por la Libertad de Expresión

A Columba Arias Solís, amiga con la cual mantengo un continuo debate de ideas y que ha proporcionado el contrapunto crítico en muchos de los temas de las columnas publicadas en el 2014

ÍNDICE

Agradecimientos

Todos los textos que se compilan en este volumen han sido publicados originalmente en tres periódicos electrónicos: ATIEMPO ; DIARIO VISIÓN y GRUPO CRÓNICAS REVISTA. A sus directores y editores, que a lo largo de los últimos años se han transformado en amigos con los cuales me une una pasión por la actualidad y por el debate político, respectivamente Alejandra Ortega, Macario Ramos Chávez y Víctor Arciga todo mi agradecimiento por el apoyo constante y por el respeto total por la libertad de expresión.

A mi querida Facultad de Derecho y Ciencias Sociales y a su Director Damián Arévalo Orozco debo la posibilidad de poder contar con un espacio en que muchos de los temas tratados aquí, en estilo periodístico, fueron después trabajados en el espacio del Seminario Permanente Internacional "Transformaciones jurídicas y sociales en el siglo XXI". Gracias.

1 Crisis de ucrania: las debilidades de la estrategia del "pitbull"

(21 de abril 2014)

Contrariamente al análisis generalizado, Rusia no se encuentra en un momento de reconstrucción del antiguo imperio soviético, porque su imagen de fuerza en la escena internacional es un espejismo. En la realidad su estrategia de "pitbull" esconde debilidades estructurales y geopolíticas profundas.

Es en función de estas debilidades estructurales y geopolíticas que debemos "leer" el "Acuerdo de Ginebra". Con efecto, hace algunas horas, en Ginebra, Suiza, John Kerry, secretario de Estado estadounidense, y la Alta Representante para la Política Exterior Europea, Catherine Ashton, han logrado arrancar un acuerdo a Rusia y a Ucrania para reconducir la crisis y evitar la escalada militar sobre el terreno. Según fuentes citadas por El País: "El compromiso obliga a Moscú a propiciar el desarme de las milicias prorrusas en el este de Ucrania y, a cambio, Kiev elaborará una

Constitución que consagre la organización federal del país y el respeto a todas las minorías".

De este modo quedaría respectada la diversidad del país, con una Constitución que otorgará la mayor parte de las competencias —salvo defensa, justicia y política exterior— a las regiones, retirando el principal argumento de las "milicias" prorrusas contra el gobierno de Kiev.

La cuestión que me coloco (no soy la única ya que el Presidente norteamericano ya ha hecho público su escepticismo), es sí Rusia va cumplir con su parte.

No dudo que intentará pasar este acuerdo por "el arco del triunfo". Por un lado, ya vimos que Putin no cumple con Tratados bilaterales, tal como sucedió en relación al "Memorando de Varsovia" del 1994. Pero, esta no es la cuestión central. La cuestión central es si Rusia podrá dejar de cumplir con el acuerdo.

Paradójicamente, la Rusia de Putin, se encuentra en una encrucijada: no puede salir de Ucrania y no puede continuar en Ucrania.

En otras palabras, Putin ha encerrado a Rusia en un escenario típico del "dilema del prisionero", como resultado de la suma de dos variables: a) de los caracteres de su personalidad; b) del hecho de que Rusia se encuentra desfasada del eje "globalización económica" y es un actor primordial del eje "fragmentación política".

El problema es que "el dilema del prisionero" se presenta en la variante "máquina de la verdad", una variante imposible de jugar. O sea, Rusia tiene tres opciones: cooperar, no cooperar o, sencillamente, no jugar. La respuesta lógica en este caso es "no jugar", pues Rusia carece de tiempo y de espacio suficientes para jugar correctamente. Además, no ha analizado correctamente a su adversario, que es en este caso preciso la Unión Europea y no EE.UU. Si juega, se trata de una "apuesta", más que de una solución lógica. Ahora bien, las "apuestas" a mediano y largo plazo tienen resultados negativos.

Veamos, los elementos de la situación imposible de Rusia. Durante décadas, la diplomacia rusa se negó a considerar el significado del Tratado de Maastricht y del Tratado de Lisboa, o sea del proceso de transformación de la Comunidad Europea en Unión Europea y por consecuencia se negó a tratarla como una entidad, una unidad con peso en la escena internacional, un bloque político en competencia sobre la misma zona de influencia.

Para Rusia, Europa era "leída", "interpretada", como un "mercado común", y por ende los Señores del Kremlin trataban, por separado, cada asunto político directamente con los países reconocidos por la diplomacia rusa como "actores": Francia, Alemania, Gran Bretaña.

Así, cuando la UE propone el inicio de negociaciones para aterrizar un proyecto común con seis países de la antigua URSS -Ucrania, Moldavia, Bielorrusia, Georgia, Armenia y Azerbaiyán- este proyecto crea en la diplomacia rusa una ruptura paradigmática con la "imago mundi" central a la construcción de su política internacional ya que, por primera vez, las autoridades rusas comenzaron a darse cuenta de la importancia de la UE, a pesar de la débil coordinación de políticas de Bruselas.

Esta ruptura se materializa, por otro lado, en un contexto mundial en que escenarios globales se desarrollaron a partir de la evolución de dos "tendencias duras", presentes desde el siglo pasado: la "Globalización Económica" y la "Fragmentación Geopolítica".

Rusia, relativamente ausente del eje "Globalización Económica", se encontró como un actor principal del eje de la "Fragmentación Política", al mismo tiempo que ocupa el centro de tres vectores de presión y de "Competencia por la Representación", entre las grandes civilizaciones que disponen de una representación en el ámbito de Estado, lo cual les permite ser actores en un mundo fragmentado y, los cuadro civilizacionales que, no disponiendo de esos Estados, serán terreno fértil para tentativas de transformación radical del sistema regional.

En la vertiente occidental tiene a la Unión Europea, de la cual sólo la separan los países hoy en el eje de la crisis y bajo ataque: Ucrania, Georgia, Moldavia. En Asia Central, la larga y siempre preocupante frontera con China. Al Sur, la histórica confrontación con Turquía.

Ahora bien, en esta pinza, no sólo la UE es la primera potencia económica del mundo con una población de 505 millones de personas, si no también posee, conjuntamente, una formidable máquina militar, que incluye el potencial nuclear de Francia y Gran Bretaña, además de que los países de la UE forman el pilar europeo de la OTAN.

Frente al coloso europeo, y aún y cuando colocamos en la balanza las debilidades de coordinación arriba mencionadas de Bruselas y la lentitud de respuesta de una burocracia comunitaria que se encuadra en una compleja red de instituciones y de mecanismos complejos, la Rusia aparece como "débil".

Es bien verdad, que Rusia posee un territorio más extenso y autoritariamente controlado desde el centro. Pero este vasto territorio tiene una población que es menor en 30 % a la de la UE y su poder económico es insignificante en comparación con la UE. La participación de Rusia en la economía mundial es del orden de 4 %; la de la UE, el 23%.

O sea, seamos concretos, no es la nostalgia por el imperio soviético perdido (la "interpretación" popular entre los medios de comunicación occidentales), que motiva a Vladimir Putin a crear la "Unión Euroasiática", si el constatar la existencia de una competencia directa de una Unión Europea, que ahora puede desarrollar una actuación conjunta, una política exterior y de defensa comunes, y que, si bien, introdujo un equilibrio al poder militar y a la intervención estadounidenses, lo hace en un cuadro de alianza atlanticista con los propio EUA.

Frente a esta amenaza directa, Putin arriesga, con la anexión de Crimea, el recolocar en primer plano la cuestión de ¿cómo evolucionarán las relaciones entre Rusia y Turquía y de éstas con la Grecia y con la Armenia, elemento que pesa y condiciona toda la evolución de los Balcanes, del Mar Negro, del Cáucaso y de la Asia Central?

Este es un riesgo calculado de Putin, a partir de un contexto de relativa parálisis de la potencia emergente – China, India e Irán- absorbidas por problemas internos de estabilidad de los respectivos regímenes o con agendas de reforma económica de integración que las llevan a tomar comportamientos de contención, lo que permitió a Putin un breve período de maniobra en el frente occidental. Pero, en este cálculo no colocó la posibilidad de una convergencia de intereses entre EE.UU. y China frente a Rusia, plasmada en el voto de las resoluciones de la ONU.

Pero esta no es la única debilidad. El proyecto de "Unión Euroasiática" hasta el momento tuvo una historia frágil y tiene un futuro precario y sinuoso. Los aliados de Rusia en este proyecto – Kazajstán y Bielorrusia- son países con regímenes dictatoriales (luego inestables) y zombies económicos que no han contribuido de manera significativa al fortalecimiento del nuevo bloque.

Si bien, en conjunto los tres países tienen cerca de 170 millones de personas, los tres han perdido el "momentum" de la modernización. Rusia y Kazajstán viven principalmente de las materias primas (hidrocarburos). O sea, sus economías no producen valor agregado. Cuanto a la Bielorrusia esta vive a expensas de Rusia…

Es obvio que el único país que en última instancia puede mejorar la situación y rescatar el proyecto de "Unión Euroasiática", es Ucrania. O mejor, sería Ucrania, si esta no estuviera en total quiebra económica y no necesitara de un rescate financiero que sólo la UE puede financiar, o para el cual es necesario el acuerdo de EE.UU. para desbloquear los fondos del F.M.I.

La ventaja puntual (la única diría yo), de Putin, es que, frente a la compleja situación de la región, primordial por su función de "tampón" entre Europa y Oriente Medio, la Unión Europea no estuvo a la altura de las cuestiones estratégicas colocadas al no establecer políticas concretas de apoyo con anterioridad a la intervención rusa.

Tal alejó a los diversos pueblos de la región de una visión positiva de la integración en la UE y de los beneficios de esta. Por otro lado, la UE no entendió que las aspiraciones de integración europea se expresan con enormes variantes dependiendo de la historia y de las tradiciones de los pueblos.

Sin embargo, tal como Rusia se encuentra ante el dilema arriba enunciado, la UE, por su parte también tiene su propio dilema: no puede "ausentarse" de la región; pero es dudoso que políticamente opte por luchar en las calles de Kiev (Ucrania) o de Tiblisi (Georgia).

Tenemos, entonces que colocar la cuestión: ¿cuáles pueden ser, en estas circunstancias, las palancas de influencia de la UE? Ya vimos que no existe la voluntad política del uso de la fuerza militar. Queda que la UE, una asociación de 28 Estados soberanos, tiene responsabilidades. El futuro y la seguridad de sus fronteras dependen de la contención del avance ruso.

Tiene, entonces obligatoriamente que encontrar mecanismos para lo hacer y al mismo tiempo, proporcionar los medios financieros para dar una oportunidad a los jóvenes estados. Para ello, no deberá repetir los errores cometidos durante las negociaciones sobre el Acuerdo de Asociación con Ucrania.

Difícil reto para una Europa en crisis. Pero, la salida de la crisis pasa por pagar este precio.

Berlín ya lo entendió, Bruselas también.

Teresa Maria Geraldes Da Cunha Lopes

2 México y el Internet: lo que está en juego

(24 de abril 2014)

En un artículo publicado a finales del siglo XX y considerado como fundador de la doctrina del Derecho a la Privacidad, Brandeis y Warren afirmaban: "La tecnología ha invadido el recinto sagrado de la vida privada, y la exposición injustificada ha puesto en peligro nuestra seguridad, dignidad y valores más básicos. La ley debe ponerse a la altura y proteger nuestros derechos".

Más de 100 años después, en la Sociedad de la Información y en la Globalización, inmersos en la Red, esta proposición gana nueva fuerza, ya que en nuestras sociedades hiperconectadas el riesgo de exposición no deseada ha aumentado de forma exponencial. Por otro lado, estamos lejos, a pesar de la constitucionalización del habeas data, de acceder al ejercicio eficiente de nuestros derechos y libertades fundamentales en la Red.

Este miércoles, 23 de abril inició en S. Paulo, Brasil, la #NETmundial (la cumbre internacional sobre la gobernanza de la Red), y en la que, además de la presidenta brasileña, Dilma Rousseff, está participando Tim Berners Lee, el inventor de la World Wide Web. Los puntos fundamentales que serán analizados por las diversas delegaciones, organizaciones civiles y activistas presentes en la #NETmundial consisten en la cuestión de la gobernanza de Internet, en cómo asegurar el ejercicio efectivo de los derechos fundamentales en Internet y la protección del principio de la "neutralidad de la Red".

En la víspera del inicio de la Net Mundial, foro convocado por el gobierno brasileño para discutir aspectos relacionados con la gobernanza de Internet, la Cámara de Senadores de Brasil aprobó el llamado (en portugués) "Marco civil da Internet", legislación que la opinión pública y los diversos titulares han considerado como "la Constitución de Internet". En su discurso protocolario de apertura de la cumbre, la presidenta brasileña, Dilma Rousseff, no sólo reivindicó que ningún país puede tener "más peso que otro" en la gobernanza de Internet, como también defendió que la regulación de Internet debe basarse en el respeto de los "derechos humanos", de la "privacidad" y de la "libertad de expresión".

Al mismo tiempo, en México, nos encontramos en el ojo del huracán de una polémica y debate público generados por la posibilidad de eliminación de la neutralidad de la red y de que contenidos en internet fueran bloqueados por orden de la autoridad, así como el bloqueo de señales en situaciones o lugares críticos para la seguridad pública o nacional, tal como lo preveía la iniciativa de Ley Telecom.

La reacción negativa de legisladores, organizaciones sociales, expertos y de la opinión pública galvanizada por las redes sociales obligó a la modificación de los cinco artículos (145, 190, 192, 194 y 197) que en la iniciativa del ejecutivo se veían como amenaza a la libertad en la red. También, el 145 y el 197 fueron modificados; sin embargo, el 190, 192 y

194, fueron concentrados en el 189 y 190 de la nueva redacción, presentada este miércoles 23 de abril al Senado.

Ahora bien, independientemente si estamos de acuerdo o no con la iniciativa original o si encontramos que las modificaciones propuestas son mínimas, el debate público a que asistimos, tiene, en mi humilde opinión una ventaja fundamental: sacó a la actualidad nacional, la urgente necesidad de establecer como prioridad la producción para México de un marco normativo coherente en materia de Derecho de Internet.

O sea, México necesita urgentemente de una "Constitución de Internet" bajo el modelo del "Marco Civil de Internet" brasileño.

Legislación que deberá tener en cuenta, no sólo las conclusiones de la cumbre internacional sobre la gobernanza de la Red de S. Paulo, sino también dos antecedentes importantes:

1.- Que México ha firmado el pasado 20 de noviembre 2013 la Resolución A/C.3/68/L.45/Rev.1 sobre el Derecho a la Privacidad en la Era Digital de la Asamblea General de las Naciones Unidas (que fue aprobada por otros 11 países latinoamericanos);

2.- Que México debe acelerar su adhesión formal a la Convención de Budapest

Sobre este último punto es necesario referir que el 2 de Julio de 2010, la Comisión Permanente del Senado de la República del H. Congreso de la Unión de la LXI Legislatura emitió un comunicado con un punto de acuerdo en el que exhorta al Ejecutivo Federal para que México se adhiera formalmente a la Convención sobre Ciberdelincuencia (conocido como el Convenio de Budapest). Dicho comunicado fue publicado en la Gaceta No. 10 del Senado de la República del 7 de julio de 2010. En la exposición de motivos se hace referencia a la importancia de la adopción del Convenio de Budapest para facilitar la cooperación a nivel internacional y para la aprobación de una legislación adecuada para combatir la cibercriminalidad y tipificar delitos cibernéticos, como los fraudes informáticos y la pornografía infantil a nivel nacional.

Sin embargo, estamos en abril del 2014 y, todavía no se ha dado, aún y cuando existen las condiciones políticas y jurídicas necesarias para que, a más tardar el próximo periodo legislativo, México pueda acceder formalmente al Convenio de Budapest. Tal quedó claro el pasado 2 de abril 2014, en los trabajos y documentos del Taller de Trabajo Nacional y Regional sobre Ciberdelincuencia, convocado conjuntamente por el Consejo de Europa y la Secretaría de Relaciones Exteriores (y coordinado con la Oficina de Estrategia Digital de la Presidencia de la República, con la PGR y con la Comisión Nacional de Seguridad de SEGOB).

Veamos, los principales elementos de la Resolución A/C.3/68/L.45/Rev.1 sobre el Derecho a la Privacidad en la Era Digital que deberán ser respetados en la legislación interna.

Esta resolución se basó en un proyecto propuesto originalmente por Brasil y Alemania a principios de Noviembre del 2013, iniciativa que surgió a raíz de los datos de la ciber vigilancia y monitoreo de las comunicaciones en distintos países, expuestos por Edward Snowden y publicados, en su momento, por The Guardian y otros medios de comunicación .Hasta determinado punto, podemos afirmar que la "Ley del Marco Civil" aprobada por Brasil el 22 de abril, es una transposición al marco interno de las disposiciones de la Resolución, en particular en lo que respecta a la "neutralidad de la red".

La resolución reafirma que los derechos de las personas, incluido el derecho a la privacidad deben ser debidamente protegidos en Internet, y hace referencia al informe A/HRC/23/40 del Relator Especial sobre la promoción y protección del derecho a la libertad de opinión y de expresión Frank de la Rué relativo a las implicaciones de la vigilancia e interceptación extraterritoriales de las comunicaciones realizada por los Estados en el ejercicio de los derechos humanos a la privacidad y a la libertad de opinión y expresión, presentado ante el Consejo de Derechos Humanos en su 23° periodo de sesiones.

La Resolución A/C.3/68/L.45/Rev.1 sobre el Derecho a la Privacidad en la Era Digital. exhorta a los Estados Miembros de las Naciones Unidas a que y cito literalmente: "a) Respeten y protejan el derecho a la privacidad, incluso en el contexto de las comunicaciones digitales; b) Adopten medidas para poner fin a las violaciones de esos derechos y creen las condiciones necesarias para impedirlas, como cerciorarse de que la legislación nacional pertinente se ajuste a sus obligaciones en virtud del derecho internacional de los derechos humanos; c) Examinen sus procedimientos, prácticas y legislación relativos a la vigilancia y la interceptación de las comunicaciones y la recopilación de datos personales, incluidas la vigilancia, interceptación y recopilación a gran escala, con miras a afianzar el derecho a la privacidad, velando por que se dé cumplimiento pleno y efectivo de todas sus obligaciones en virtud del derecho internacional de los derechos humanos; d) Establezcan o mantengan mecanismos nacionales de supervisión independientes y efectivos capaces de asegurar la transparencia, cuando proceda, y la rendición de cuentas por las actividades de vigilancia de las comunicaciones y la interceptación y recopilación de datos personales que realice el Estado."

La resolución abrió un espacio para la discusión adicional de los Derechos Humanos en Internet (o como diría el Filósofo español Javier Echeverría, en la "Telepolis") ya que solicitó a la Alta Comisionada de las Naciones Unidas para los Derechos Humanos que presente a la Asamblea General en su 69° período de sesiones y al Consejo de Derechos Humanos en su 27° período de sesiones :"un informe sobre la protección y la promoción del derecho a la privacidad en el contexto de la vigilancia y la interceptación de las comunicaciones digitales y la recopilación de datos personales en los planos nacional y extraterritorial, que incluya opiniones y recomendaciones, para que lo examinen los Estados Miembros durante 2014".

Así, y a manera de reflexión final, en este contexto global, transnacional y deslocalizado de Internet, en que existe una tensión entre Derechos Fundamentales versus Ciberseguridad, los legisladores mexicanos tienen que ser conscientes de que no solo basta contar con un marco jurídico inscrito en los paradigmas doctrinales y jurisprudenciales internacionales, y de cooperación nacional e internacional eficiente, sino que paralelamente se deben desarrollar y promover el uso de capacidades como son el entrenamiento y la capacitación especializada a autoridades investigadoras, Jueces y Magistrados en temas relacionados con el uso de la evidencia electrónica, la identificación de delitos y conductas criminales que atenten contra la integridad de los usuarios de internet, contra las libertades de expresión y de información, contra la libertad de comercio y de asociación.

Al mismo tiempo, deben salvaguardar la protección de los derechos fundamentales conforme a los tratados internacionales, la legislación y la jurisprudencia y precedentes existentes, así como implementar medidas de educación y concientización ciudadana para informar a los individuos, y en particular al universo de usuarios de la red, sobre : a) sus derechos fundamentales; b) sobre los riesgos inherentes al mundo cibernético ; c) sobre los instrumentos de defensa de los individuos frente al ciberdelito; d) sobre los límites a la intromisión del Estado y de los particulares en nuestras esferas de intimidad y de privacidad en la red.

3 Reforma Energética: la respuesta parcial del Ejecutivo a Cuarón

(1 de mayo 2014)

El presidente Peña Nieto, ha enviado a la Cámara de Senadores el paquete con la iniciativa legislativa de leyes secundarias en materia energética, que contiene la propuesta para modificar 13 leyes y crear 8, en las cuales se establecen las reglas que permitirán que las empresas privadas ingresen al mercado energético del país por primera vez en más de 75 años.

La propuesta del ejecutivo llega al Senado el último día del periodo ordinario de sesiones del H. Congreso de la Unión, en medio de una confrontación partidaria sin precedentes que refleja la movilización de grupos de interés (el choque entre Televisa y Grupo Carso es un ejemplo) y de la opinión pública por la aprobación de la legislación complementaria en materia de Telecomunicaciones y Político-Electoral.

Este "atasco" legislativo es una crónica de un proceso tormentoso anunciado ya que en la agenda de las reformas del sexenio las reformas Educativa y, en particular la Energética, tocan no sólo cuestiones de "techné" parlamentaria, sino también se fraguan a lo largo de la radical división ideológica de la sociedad mexicana y minan, en lo más profundo, a los mitos fundadores de la entidad nacional contemporánea.

Durante la presentación de la iniciativa presidencial, Luis Videgaray y Pedro Joaquín Coldwell, respectivamente secretarios de Hacienda y Energía, han contestado (ya los ciudadanos mexicanos decidirán si cabalmente o no) a dos de las diez preguntas que Cuarón, el director de la película 'Gravity' y ganador del Oscar 2014, publicó a través de un desplegado en los principales periódicos del país. Cuestiones retomadas de forma masiva y viral por las redes sociales, en particular por los usuarios de Twitter.

Los titulares de Energía y Hacienda dieron la respuesta oficial a las dudas de Cuarón sobre: a) cuándo se reducirán los precios de las gasolinas, el gas y la energía eléctrica y b) sobre los instrumentos para evitar una crisis económica como la de la década de los años 80 a partir de los cambios en el sector energético.

Para tal, detallaron los siguientes puntos:

A). - La intervención de Joaquín Coldwell, Secretario de Energía, se avocó al proceso, conocido como fracking (o fracturación hidráulica), por el que a través del gas de esquito se obtiene energía eléctrica.

Coldwell, enfatizó la importancia de esta nueva tecnología para la independencia energética de México, enfatizando en su respuesta que México importó en 2013 cerca de un 30% del gas natural y que, por lo tanto, no sólo es necesario expandir la infraestructura para el transporte de este hidrocarburo, como también es urgente. Pero continúa perpetuando el silencio oficial sobre la cuestión de los impactos medioambientales de su implementación del fracking.

Complementariamente, garantizó que la factura de luz de los mexicanos podrá disminuir en dos años después de que los legisladores aprueben las leyes secundarias de la reforma energética.

B). - Por su parte, el Secretario de Hacienda argumentó sobre la cuestión de los "costos" económicos y sociales de la reforma energética. En la visión de Videgaray, con los ejes de esta reforma, la administración de Peña Nieto busca evitar una crisis económica como las que México sufrió en la década de los 80's, provocada por el modelo neo-mercantilista, "estatista y monolítico" y proteccionista que colapsó a la industria y al mercado interno, con la implementación de una autonomía presupuestal para PEMEX y CFE. En las palabras de Videgaray: "O abrimos el sector energético, o nos condenamos a la inmovilidad".

Los puntos fulcrales de la posición defendida en la propuesta presidencial son entonces dos: 1.-autonomia presupuestal; 2.- y el nuevo plan fiscal para PEMEX.

PEMEX y la CFE serán dotados de autonomía presupuestal y de gestión. En este punto, Luis Videgaray fue cortante al enunciar de forma lapidaria: "Ha llegado la hora de que la Secretaría de Hacienda saque las manos de Pemex y CFE".

La propuesta presidencial va acompañada de la promesa de Videgaray de reducir la carga fiscal que Pemex mantiene en un 79% de sus ganancias a contribuir con el fisco mexicano en menos de un 65%.

La modificación del régimen fiscal de Pemex, planteada por Videgaray, pretende reducir la carga fiscal sobre PEMEX e implementar un sistema de financiamiento a través del Fondo Mexicano del Petróleo -fondo creado en la reforma constitucional de diciembre de 2013, bajo el modelo de referencia de Noruega– donde la renta petrolera que sume un 4.7% del Producto Interno Bruto (PIB) irá al gasto corriente del Gobierno federal, mientras que los excedentes irán a una bolsa de ahorro que servirá para inversión en la petrolera mexicana.

Este plan fiscal tendrá un tiempo estimado de transición de 10 años y tiene como objetivo garantizar la competitividad de PEMEX y garantizarle condiciones de igualdad con otras empresas, en un mercado complejo y globalizado, geopolíticamente estratégico, como es el del sector de las energías.

Nos resta esperar por las ocho respuestas faltantes que el gobierno federal prometió publicar en las próximas horas a través de la web de la Presidencia de la República.

4 Acabar con la Guerra contra las Drogas

(8 de mayo 2014)

"Ending the Drug Wars" (Acabar con la guerra contra la droga) es el nombre del informe publicado este mes por la prestigiada universidad británica LSE London School of Economics). El documento final va acompañado de un prólogo firmado por varias personalidades que está redactado como un manifiesto.

Cinco economistas, todos ellos ganadores del Premio Nobel, respaldan con su firma este informe publicado por la LSE (London School of Economics) en que afirman: "Es hora de poner fin a la 'guerra contra la droga' y encauzar masivamente los recursos hacia políticas efectivas basadas en evidencias y apoyadas en análisis económicos rigurosos" ("It is time to end the 'war on drugs' and massively redirect resources towards effective evidence-based policies underpinned by rigorous economic analysis.)".

Es necesaria una nueva estrategia mundial, dicen los firmantes, que se base en "principios de sanidad pública, contención de los daños, reducción del impacto del mercado ilegal, acceso ampliado a medidas esenciales, minimización del consumo problemático, experimentación regulatoria rigurosamente monitoreada, y un compromiso inquebrantable con los principios de los derechos humanos".

Además de los Premio Nobel de Economía el informe lleva la firma del Vice-Primero Ministro británico, Nick Clegg, del Alto Representante para la PESC de la Unión Europea, Javier Solana y de Ministros de los Gobiernos de Guatemala, Colombia, de un ex- Secretario de Estado norteamericano, George Schultz, entre otras personalidades.

El informe tiene un capítulo sobre las poblaciones desplazadas por la guerra contra las drogas, redactado por la Dra. Laura H. Atuesta Becerra, Investigadora del CIDE (México), cuya lectura merece una atenta reflexión. Estados Unidos, principal consumidor mundial de drogas, es el principal instigador de la represión contra el consumo y comercio de estas sustancias, una estrategia que se remonta a los años 1960. Centroamérica, Colombia o México han recibido ayuda estadounidense para combatir el tráfico, pero al precio de millares de muertes. Sin embargo, también en Estados-Unidos, en los últimos tiempos han crecido las voces que reclaman un cambio de estrategia.

Este cambio de estrategia de la administración Obama, que ya tiene un año, es precisamente lo que publica el rotativo español El País en su edición electrónica del 25 de mayo del 2013: "Gil Kerlikowske, el director de la Política Nacional de Control de Drogas de la Casa Blanca, ha defendido este jueves en Washington la necesidad cambiar de estrategia para lidiar con el problema de la droga en Estados Unidos. Kerlikowske ha defendido durante la presentación del Programa de Control de Detenciones por

Abuso de Sustancias de 2012 que es imperioso acabar con la cultura de la guerra contra las drogas y abordar el asunto desde una perspectiva en la que prevalezca la salud pública frente a la seguridad, primando la prevención y el tratamiento. En esta transformación, la Administración Obama está a favor de la despenalización para reducir el preocupante número de reclusos encarcelados por delitos menores relacionados con el consumo de estupefacientes, pero se opone a la legalización".

Además de esta inflexión del ejecutivo norteamericano y a pesar de las victorias legislativas en Uruguay, Portugal y en algunos estados de Estados Unidos, la gran mayoría de los 230 millones de consumidores de drogas en todo el mundo viven en países que gestionan esas sustancias de acuerdo con dos rigurosos tratados de la ONU: la Convención Única sobre Estupefacientes (1961) y el Convenio sobre Sustancias Psicotrópicas (1971).

Sin embargo, hay países que prefieren ignorar a la Junta Internacional de Fiscalización de Estupefacientes, un órgano de supervisión de la ONU con poderes prácticamente judiciales, si al desconocer las convenciones obtienen beneficios. «Las convenciones solo son un reflejo de lo que los Estados ven en ellas», sostiene John Collins, coordinador del Proyecto IDEAS de Política Internacional de Drogas, de la LSE. Los países «se están percatando de que las convenciones son mucho más flexibles de lo que se había interpretado anteriormente», explica Collins. «Estamos llegando a un punto de inflexión».

Pero eliminar las innumerables ramificaciones en los acuerdos comerciales y el derecho internacional del Tratado vigente sobre drogas, exigirá mucho más que el uso de una pluma. Muchos países pequeños que se ven perjudicados por la guerra contra las drogas prefieren arriesgar su capital político en temas menos problemáticos.

«La Asamblea General de 2016 será un gran logro», destaca Collins. «Pero creo que debemos argumentar con más intensidad para que la ONU deje de actuar como un matón en este tema». «Lo más importante es lo que están haciendo los Estados miembros en los ámbitos nacional y regional. Vamos a ver cómo reaccionan a la regulación del cannabis».

Les dejo el enlace del documento original intitulado "Ending the Drug Wars Report of the LSE Expert Group on the Economics of Drug Policy" mayo 2014: http://www.lse.ac.uk/IDEAS/publications/reports/pdf/LSE-IDEAS-DRUGS-REPORT-FINAL-WEB.pdf

5 La Globalización de la Tortura

(16 de mayo 2014)

En 1984 la ONU adoptó la Convención contra la Tortura, Amnistía Internacional que en su artículo primero afirma: " 1. A los efectos de la presente Convención, se entenderá por el término "tortura" todo acto por el cual se inflija intencionadamente a una persona dolores o sufrimientos graves, ya sean físicos o mentales, con el fin de obtener de ella o de un tercero información o una confesión, de castigarla por un acto que haya cometido, o se sospeche que ha cometido, o de intimidar o coaccionar a esa persona o a otras, o por cualquier razón basada en cualquier tipo de discriminación, cuando dichos dolores o sufrimientos sean infligidos por un funcionario público u otra persona en el ejercicio de funciones públicas, a instigación suya, o con su consentimiento o aquiescencia. No se considerarán torturas los dolores o sufrimientos que sean consecuencia únicamente de sanciones legítimas, o que sean inherentes o incidentales a éstas. Tres décadas después, Amnistía Internacional, en un nuevo informe intitulado "30 años de promesas incumplidas", publicado electrónicamente el día 13 de mayo, acusa a los gobiernos de todo el mundo de traicionar sus compromisos de acabar con esta práctica inhumana.

En la realidad, AI, habla directamente de un fenómeno preocupante: de la globalización de la tortura en un mundo moderno que, aparentemente, está regido por el paradigma de los derechos humanos.

Con efecto, desde el 1984, 155 Estados han ratificado la Convención contra la Tortura de la ONU. Ratificación que parece ser sólo formal y que no ha eliminado a la tortura como un instrumento recurrente de los cuerpos de seguridad del estado.

De estos 155 estados, Amnistía Internacional (AI) investiga a 142.

Tan sólo en lo que va de 2014, esta ONG ha observado que al menos 79 de ellos (más de la mitad de los Estados parte de la Convención que investiga Amnistía Internacional) siguen torturando, a pesar de la ratificación de la Convención, que específicamente en su Art- 11 determina que: "Todo Estado Parte mantendrá sistemáticamente en examen las normas e instrucciones, métodos y prácticas de interrogatorio, así como las disposiciones para la custodia y el tratamiento de las personas sometidas a cualquier forma de arresto, detención o prisión en cualquier territorio que esté bajo su jurisdicción, a fin de evitar todo caso de tortura".

Otros 40 Estados miembros de la ONU no han adoptado la Convención, aunque la prohibición legal mundial de la tortura les obliga a hacerlo. En los últimos cinco años, Amnistía Internacional ha denunciado torturas y otras formas de malos tratos en al menos 141 países de todas las regiones del mundo: prácticamente en todos los países sobre los que trabaja.

El carácter secreto de esta práctica hace que el número real de países donde es probable que se cometan torturas sea aún mayor. En algunos de estos países es habitual y sistemática. En otros, sólo se han documentado casos aislados y excepcionales, aunque considera que incluso un solo caso de tortura o malos tratos es totalmente inaceptable. Esto, contraviniendo las disposiciones de la Convención en su Art.13: "Todo Estado Parte velará por que toda persona que alegue haber sido sometida a tortura en cualquier territorio bajo su jurisdicción tenga derecho a presentar una queja y a que su caso sea pronta e imparcialmente examinado por sus autoridades competentes. Se tomarán medidas para asegurar que quien presente la queja y los testigos estén protegidos contra malos tratos o intimidación como consecuencia de la queja o del testimonio prestado."

Para lograr que todas las personas gocen de protección frente a la tortura, en el 30 aniversario de la Convención de la ONU contra la Tortura, AI lanza la campaña STOP TORTURA.

La campaña Stop Tortura se inicia con la publicación del documento «30 años de promesas incumplidas» que ofrece una perspectiva general del uso del malo trato en el mundo actual. Según la página electrónica de la AI: "La campaña se centra en todos los contextos de custodia estatal. Esto incluye: los sistemas ordinarios de justicia penal; las personas bajo custodia del ejército, la policía, las fuerzas especiales o los servicios secretos; las situaciones que impliquen legislación, normativas o disposiciones de emergencia; y los lugares secretos o no oficiales de detención, donde aumenta notablemente el riesgo de tortura. La campaña no incluye la tortura a manos de agentes no estatales o los malos tratos ocurridos fuera de la custodia del Estado, como el uso excesivo de la fuerza durante manifestaciones, aunque Amnistía Internacional seguirá trabajando enérgicamente sobre estas formas de abuso también. La organización movilizará a sus activistas en todo el mundo para que trabajen sobre los cinco países siguientes: Filipinas, Marruecos y el Sáhara Occidental, México, Nigeria y Uzbekistán".

Como parte de la campaña, Amnistía Internacional ha realizado una encuesta para evaluar las actitudes hacia la tortura en el mundo. Resulta alarmante que, según los datos obtenidos, casi la mitad (el 44%) de las personas encuestadas —de 21 países de todos los continentes— temen la posibilidad de ser torturadas si son detenidas en su país. La inmensa mayoría (el 82%) cree que deberían existir unas leyes claras contra la tortura. Sin embargo, más de un tercio (el 36%) seguía pensando que la tortura podía justificarse en ciertas circunstancias.

«Los resultados de esta nueva encuesta global son sorprendentes, pues casi la mitad de las personas encuestadas tienen miedo y se sienten personalmente vulnerables a la tortura. La inmensa mayoría de la gente cree que deberían existir unas normas claras contra su utilización, aunque más de un tercio sigue pensando que la tortura podría justificarse en ciertas ocasiones. En conjunto, se puede ver un amplio apoyo global de la opinión pública a que se actúe para prevenirla», afirma Caroline Holme, directora de la empresa encargada del estudio, GlobeScan.

Medidas como la penalización de la tortura en la legislación nacional, la apertura de los centros de detención a observadores independientes, y la grabación en vídeo de los interrogatorios han llevado a una disminución del uso de la tortura en los países que se toman en serio sus compromisos contraídos en virtud de la Convención contra la Tortura.

Amnistía Internacional pide a los gobiernos que implanten mecanismos de protección para prevenir y castigar la tortura, como exámenes médicos adecuados, el acceso rápido a los abogados, controles independientes de los centros de detención, investigaciones independientes y efectivas de las denuncias de tortura, el enjuiciamiento de los presuntos autores y una reparación adecuada a las víctimas.

La lucha global contra esta práctica continúa, aunque ahora se centrará en cinco países donde está generalizada y donde la organización cree que puede lograr un impacto significativo. La espina dorsal de la campaña estará formada por informes de fondo con recomendaciones concretas.

6 Las nuevas fronteras del Derecho al Olvido en Internet

(22 de mayo 2014)

Cuando el Abogado General de la Unión Europea, Jääskinen presentó sus conclusiones en el caso de Google Inc. y Google España contra la Agencia española de Protección de Datos (AEPD) y contra el Sr. Mario Costeja González , el 25 de junio del año pasado ,le pareció a muchos (y me incluyo en este universo) que esa opinión había sido el dobre a finados (redoble a los difuntos) del controvertido "derecho al olvido" incluido en el proyecto de reforma de la normativa europea sobre Protección de Datos.

La sentencia que la Gran Sala del Tribunal de Justicia de la UE dictó el 13 de mayo del 2014 sobre el asunto C-131/12, parece, no obstante indicar lo contrario. Inclusive, va más allá, al demostrar de forma exhaustiva que el "derecho al olvido" ya existía en el régimen de protección de datos de la UE, desde la directiva 95/46/CE, en todo menos en el nombre solamente.

De hecho, la sentencia del Tribunal de Justicia se coloca decisivamente a favor de la protección de datos personales y del derecho a la privacidad cuando estos derechos se equilibran con la libertad de expresión.

O sea, el derecho al olvido no es un intento de reescribir la historia ni de alterar la hemeroteca. Cuando la publicación original es legítima (en un periódico, por ejemplo), no comporta el derecho a borrar esa información del soporte original. Solo se elimina de los resultados de los buscadores para que los datos lesivos no permanezcan eternamente en Internet y el individuo no quede sujeto a la única ley "universal" de Internet (me permito un poco de ironía), la "ley de las consecuencias indeseadas".

Tenemos que ser conscientes de que la capacidad para acumular información de los buscadores que operan en la red (Google, Yahoo!, Firefox) puede llegar a ser muy agresiva con los derechos de la persona. Pero a la vez la red es una extraordinaria plataforma de información y expresión (los blogs y redes sociales como Facebook, MySpace) por la que circulan millones de datos de acceso universal, que objetivamente amplían el espectro informativo.

Sin embargo, la acumulación de valoraciones y noticias que el motor de un buscador genera a través de millones de páginas web esparcidas en la red digital puede llegar a resultar, según los casos, una hipoteca para el honor o la intimidad. Hay datos que son de interés público, pero otros pueden ser ya irrelevantes y causar daños a las personas.

Es evidente que una información de hace años contenida en la prensa escrita no puede ser excluida de las hemerotecas, pero también lo es que el acceso a su contenido impreso es más difícil que el que ofrece la red digital.

Ahora bien, en estos nuevos contextos digitalizados, ¿se puede borrar el pasado que aparece en la red?; ¿es lícito reclamar el derecho al olvido cuando algo molesta? La respuesta del Tribunal de Justicia es sí...en algunas circunstancias.

Este es un juicio que tendrá consecuencias de gran alcance, no sólo en su aplicación en el territorio de los 28 estados miembros de la UE, pero como referencia jurisprudencial para las decisiones futuras de nuestra Suprema Corte en casos afines. La sentencia refleja un renovado entusiasmo por los derechos fundamentales a la privacidad y protección de datos (que aplaudo) aunque tal vez a expensas del derecho a la libertad de expresión.

Si bien la Corte es normalmente cauta en su enfoque de equilibrio entre los derechos fundamentales, tal precaución es el gran ausente en este juicio. La Corte reafirma el derecho a la protección de datos, en primer lugar, asegurando el amplio ámbito de aplicación de la Directiva. En sus conclusiones, el Abogado General había comentado (con desaprobación) acerca de las garras de gran alcance de la Directiva 95/46/CE y, en particular, del concepto de "responsable del tratamiento "(ver las conclusiones, [AG Opinión 81]). Con el fin de reducir el ámbito de aplicación de la Directiva, el Abogado General incorporó, el año pasado, un elemento subjetivo del concepto del "controlador", el argumento de que un controlador debe tener "conciencia" de la existencia de los datos personales que estaba procesando. Los problemas con este enfoque son sin embargo evidentes: por ejemplo, ¿una empresa podría alegar ignorancia con el fin de evitar la aplicación de las reglas?

La Corte, en esta decisión histórica de hace una semana, mediante la adopción de una interpretación literal del concepto de control y evitando cualquier componente subjetivo, conserva el amplio ámbito de aplicación de la Directiva 95/46/CE y destaca la importancia de un lato ámbito de aplicación de la efectividad de las normas de protección de datos personales.

El número de referencias en el juicio a los artículos 7 y 8 de la Carta de la UE, y al derecho a la intimidad, en particular, también es notable.

En efecto, el Tribunal de Justicia de la UE se esfuerza en subrayar que las implicaciones de privacidad y protección de datos de procesamiento por un operador de búsqueda son distintas y adicionales a las implicaciones de la publicación en una página web.

Esto se debe a la capacidad de un motor de búsqueda para agregar información y crear un perfil y también porque asegura una mayor difusión de los datos al facilitar el acceso a esa misma información (esto se acentúa en los apartados STJ.38 y STJ 87, respectivamente).

Mientras que el procesamiento de datos mediante un motor de búsqueda puede tener implicaciones de privacidad más importantes para un individuo, también podríamos argumentar que la eliminación de los datos de un motor de búsqueda en lugar de una página web también toma en cuenta la necesidad de proteger la libertad de expresión, ya que impide el acceso fácil a los datos para un mayor número de individuos, pero no elimina la información del soporte original.

El fallo de la Corte al referirse directamente al artículo 10 del CEDH y al artículo 11 de la Carta de la UE, que protegen el derecho a difundir y recibir información en este sentido es bastante significativo. La Corte parece ser de la opinión que sólo el "interés público" puede superar, a favor de la "libertad de expresión" a los derechos fundamentales a la protección de datos personales y privacidad. Por lo tanto, intermediarios como los buscadores, en este caso preciso Google, deben proteger la privacidad sobre la libertad de expresión, excepto en circunstancias limitadas.

En la práctica, estos intermediarios son poco probable que participen en una evaluación detallada "interés público" con el resultado probable de que "take- down" será el nuevo valor predeterminado. Esto es consistente con los intereses perseguidos por la normativa europea de protección de datos – en particular, las personas dar un mejor control sobre sus datos personales – pero pone la UE en curso de colisión con los EE.UU. en lo que respecta a la libertad de expresión en línea.

La casuística sobre el "Derecho al Olvido" es muy variada y sale reforzada por esta decisión del Tribunal de Justicia de la UE. Parece razonable afirmar que -por ejemplo- no tienen la misma entidad informativa el caso de aquella persona que reclama que no sean tratados sus datos personales relativos a una infracción administrativa de tráfico o de impuestos, que aquel otro en el que la infracción de tráfico sea delito; o el que protagonice un periodista por un delito de injurias y después sea indultado por el Gobierno.

La pretensión de borrar de la red estos datos es razonable en el primer caso, pero en absoluto lo es en los otros dos.

La justificación jurídica se fundamenta en la veracidad y el interés público de la información que aparece en la red. Porque lo que fue de interés público en un momento determinado -la comisión de un delito- no puede desaparecer de la historia. De lo contrario estaríamos ante una falsedad. Resultaría paradójico que una información de interés público y obtenida con escrupuloso respeto al canon de la diligencia profesional se pueda consultar en la hemeroteca de la edición escrita de un diario y, por el contrario, haya de desaparecer de la edición digital.

Claro que no hay que obviar que también el cúmulo de datos obtenidos sobre una persona a través de los buscadores supone un riesgo para su reputación e intimidad, al proporcionar una información a la que se accede carente del más mínimo interés general.

Y que en el criterio de algunos buscadores de Internet prima más la morbosidad informativa que no otros factores más objetivos.

Los instrumentos de defensa jurídica de la persona ante unos datos de su pasado que carecen de interés público pero que le pueden afectar en su trayectoria personal y profesional (por ejemplo, para acceder a un puesto de trabajo) se encuentran sobre todo en la acción de las agencias de protección de datos, como autoridades administrativas reguladoras de la llamada autodeterminación informativa ante el uso abusivo de la informática.

Y, si cabe, finalmente, a través de los tribunales. Aunque esta última -y no es ninguna novedad- sea una vía lenta.

7 Las elecciones europeas en un Continente en crisis

(23 de mayo 2014)

Esta semana, entre el 22 y el 25 de mayo, Europa celebra 30 elecciones: 28 en los Estados miembros de la UE para el Parlamento Europeo, una primera votación histórica en toda la Unión que definirá la mayoría parlamentar para designar al candidato a encabezar la presidencia de la Comisión Europea (o sea del "ejecutivo"), y, fuera del espacio comunitario, la elección presidencial del 25 de mayo en Ucrania.

Entre todas, estas 30 elecciones dibujarán el mapa de un continente que vive uno de sus momentos más paradójicos: por un lado está en plena crisis (crisis económica , con los países periféricos bajo austeridad presupuestales impuestas por la "Troika"; crisis de identidad y crisis de seguridad en la frontera leste) y que , por otro lado es la mayor economía del mundo, unida por un Tratado Constitucional (el Tratado de Lisboa) que define las vías de la integración y gobernanza en común de los estados y los pueblos de

Europa y que otorga a sus ciudadanos y habitantes mayor poder de decisión.

El Tratado de Lisboa, que entró en vigor el 1 de diciembre de 2009, tuvo como objetivo mejorar el funcionamiento de la Unión Europea mediante la modificación del Tratado de Roma (Tratado constitutivo de la Comunidad Europea) y del Tratado de Maastricht (tratado por el cual la CCE se transformó en Unión Europea). También hizo que la Carta de los Derechos Fundamentales de la Unión Europea fuese jurídicamente vinculante para los estados miembros.

Algunas de las reformas más importantes que introdujo el Tratado de Lisboa fueron: 1.) la reducción de las posibilidades de estancamiento en la toma de decisiones del Consejo de la Unión Europea mediante el voto por mayoría cualificada, 2.) un Parlamento Europeo con mayor peso mediante la extensión del procedimiento de decisión conjunta con el Consejo de la UE, 3.) la eliminación de los obsoletos tres pilares de la Unión Europea y , 4.) la creación de las figuras de Presidente del Consejo Europeo y del Alto Representante de la Unión para Asuntos Exteriores y Política de Seguridad .

El Tratado de Lisboa, que entró en vigor el 1 de diciembre de 2009 también hizo que la Carta de los Derechos Fundamentales de la Unión Europea fuese jurídicamente vinculante para todos los estados miembros.

Es bajo las nuevas reglas de este Tratado que en estas elecciones al Parlamento Europeo de 2014 se elegirán por sufragio universal directo, libre y secreto los 751 diputados europeos que integrarán la Eurocámara y que representarán a la ciudadanía europea en el periodo comprendido desde 2014 a 2019, la octava legislatura. Así, es esta cámara la que debe nombrar al Presidente de la Comisión Europea, a propuesta del Consejo Europeo en función de los resultados de las elecciones parlamentarias, por mayoría cualificada.

Dos son los candidatos (abiertos) fuertes a la Presidencia de la Comisión: Jean-Claude Juncker, apoyado por los partidos conservadores (como el PP español) y su rival apoyado por los partidos socialistas de centro-izquierda europeos como el PSOE español, el PS de Portugal, los social -demócratas alemanes y el PS francés, Martin Schulz.

El luxemburgués Juncker tiene 59 años y fue primer ministro de su país durante casi dos décadas y presidente del Eurogrupo en los momentos más calientes de la crisis, de 2005 a 2013 y, Martin Schultz es alemán de 58 años y presidente aún en ejercicio del Parlamento Europeo. Cualquier uno de ellos tiene posibilidades reales de suceder al actual Presidente de la Comisión, el portugués José Manuel Durao Barroso.

Los candidatos liberal y verde son, respectivamente, Guy Verhofstadt y la doble candidatura de Ska Keller y José Bové. Un conjunto diverso de partidos de la izquierda unitaria apoya a Alexis Tsipras, líder del partido griego Syriza.

Sin embargo, también existen los llamados candidatos "tapados" a presidir la comisión, tales como Christine Lagarde, actual presidenta del F.M.I y que parece ser la favorita de Angela Merkel; o el primer ministro finlandés Jyrki Katainen que deja su puesto en Junio; o el irlandés Enda Kenny.

Los electores de un país euroescéptico de toda la vida, Reino Unido, y de uno que empieza a serlo cada vez más, Holanda, han abierto ayer jueves, 22 de mayo a las 7:00 horas locales, las votaciones para el Parlamento Europeo. En ambos países estas dos formaciones anti europeas de extrema derecha y xenófobas se presentaron a las urnas como rivales de los partidos tradicionales.

A pesar de que la Comisión Europea ha pedido a La Haya que no publique los resultados electorales hasta el domingo, o sea, (hasta que todos los países de la Unión hayan votado), para no influir en el resto de los socios, tanto la televisión nacional de Holanda, como una empresa de encuestas políticas, y el blog asociado a una cadena televisiva comercial publicaron desde ayer, sus estimaciones de voto a partir de las 21.00 horas locales.

Las primeras buenas noticias de este primer día de votaciones europeas: el partido derechista de Wilders cae a la tercera posición en Holanda. Seguidas de malísimas noticias desde Reino Unido, en que tanto en las municipales como (es probable) en las europeas, asistimos a la subida del populista y racista UKIP de Nigel Farage. Los resultados del UKIP a nivel local han dañado a las tres grandes formaciones políticas del país: tories (conservadores) de Cameron, laboristas de Ed Miliband y liberales de Nick Clegg.

Hoy viernes, es la vez de la República Checa y de Irlanda. Los cuatro días de jornadas electorales culminarán el día 25 de mayo, a las 23h locales, cuando cierren las casillas en Italia y esa misma noche se darán a conocer los resultados globales de los 28 Estados miembros.

La grande incógnita en este momento será: 1) el comportamiento de los electores franceses, en que está por verse si el Frente Nacional de Martine Le Pen sufrirá la suerte del holandés Wilders o mantendrá su empuje de las elecciones locales y, 2.) de los electorales de los países – miembros del Leste.

Pero, si los últimos sondeos de opinión no se equivocan, las 28 elecciones en los Estados miembros van a dar un gran número de votos a una colección variopinta de partidos "anti", desde el UKIP (ya citado) en el

Reino Unido hasta Jobbik en Hungría, pasando por el Frente Nacional en Francia y el Syriza en Grecia.

En el caso específico francés, desde el 9 de octubre del 2013, fecha en que se publicó un sondeo de IFOP en la revista Le Nouvel Observateur, el Frente Nacional (FN), partido de extrema derecha francés, "propiedad" de la familia Le Pen, aparece sistemáticamente, como el primer partido de Francia en intención de voto ante las elecciones europeas de mayo de 2014. La formación de extrema derecha recibiría casi uno de cada cuatro votos: el 24%, dos puntos más que la Unión por un Movimiento Popular (UMP, el gran partido de centro derecha dividido después de la derrota presidencial de Sarkozy en diversas "tribus" que nadie parece poder controlar), y cinco más que el Partido Socialista (PS), que se hunde hasta un 19%.

La mayoría de estos partidos "anti" pertenece a la derecha xenófoba, aunque no es el caso de Syriza, que viene de la llamada Izquierda Unida ni el del Movimiento Cinco Estrellas de Beppe Grillo en Italia.

Lo único que tienen todos en común es que son "anti" todo y a nada: anti-orden establecido; anti-partidos tradicionales; anti-Unión Europea, anti-paro, anti-inmigración. Este último punto es la bandera sobre todo desde la extrema derecha, pero no sólo, si observamos la tendencia de las políticas migratorias de Cameron en Inglaterra o de los gobiernos italiano o español y, no hay que olvidar la carta de Sarkozy en que pide públicamente la eliminación del espacio de Schengen.

Son también, "anti aburrimiento", ya que hay que confesar que la mayor parte de los políticos europeos tradicionales son capaces de aburrir hasta a las ovejas y como tal de alienar a los millones de ciudadanos europeos.

Todos estos partidos reflejan la indignación y la desilusión de muchos europeos con la falta de transparencia de Bruselas y con la crisis del euro

.Cuando las familias tienen hambre, cuando el acceso a la educación y a la salud son deficientes, cuando la equidad de hecho y de derecho es omisa, cuando la decisión soberana del pueblo en las urnas es subvertida por las imposiciones de los mercados financieros transcritas directamente a las cláusulas de la Troika, es evidente, que el hartazgo se refleja en las urnas con un buen número de votos que, también, pueden ser interpretados como un voto de castigo a los partidos en el poder a nivel nacional. Fue ayer el caso en el Reino Unido y es probablemente este el escenario a esperar en Portugal.

La mayoría de los ciudadanos europeos, en los 28 estados miembros, tiene la sensación de que su vida está empeorando, y de que Europa ha dejado de ser la solución para convertirse en parte del problema.

Según las encuestas habituales del Euro barómetro (http://www.europarl.europa.eu/aboutparliament/es/00191b53ff/Eurobar ómetro.html), la confianza de los ciudadanos de los Estados miembros en la Unión Europea ha caído del 50% en otoño de 2004 al 31% a finales del año pasado. Aunque un sondeo reciente del Centro de Investigaciones Pew (encuesta que puede ser consultada en la plataforma del Pew Global Attitudes Research Project http://www.pewresearch.org/fact-tank/2014/05/12/5-key-takeaways-from-the-european-union-survey/) muestra un ligero incremento de las opiniones favorables sobre la UE, también revela que dos tercios de sus ciudadanos creen que no se tienen en cuenta sus voces y que la UE no comprende sus necesidades.

En todas las elecciones al Parlamento Europeo, desde 1979, la participación ha ido disminuyendo, al mismo tiempo que aumenta la desconfianza que inspira. Y, sin embargo, de acuerdo con el Tratado de Lisboa, el Parlamento Europeo va a tener más poderes que nunca. Desde el punto de vista oficial, la mayor parte de lo que hace hoy la UE necesita la aprobación de la Eurocámara.

Los euroidealistas, como yo, tenemos una forma lógica de resolver este problema: más democracia. De ahí que haya surgido la idea de proponer como candidatos a la presidencia de la Comisión Europea a los que en alemán se denominan los "spitzenkandidaten", los aspirantes a los que han designado los grandes grupos paneuropeos formados por los partidos políticos de los Estados miembros.

Sin embargo, no me hago ilusiones. Uno de los candidatos "tapados", con fuertes apoyos de algunos ejecutivos nacionales, o sea escogido por el Consejo a través de un acuerdo Paris-Berlín o de un frente Londres-Varsovia, podrá rebasar las expectativas de un candidato salido de la mayoría parlamentaria.

Ojalá que no.

9 La estridencia y la política

(9 de junio 2014)

La política es un ejercicio emocional que juega con las pasiones colectivas e individuales y que culmina, periódicamente, en una catarsis de masas que puede ser canalizada en la emisión del voto o, explotar en la rebelión de la calle.

Siendo, por consecuencia, un proceso de creación de empatía y de rechazos, los procesos políticos, y en particular el proceso electoral, son propicios para liberar emociones.

Ahora bien, uno de los actos más liberador para los seres humanos es el grito. Grito que puede asumir diversas formas —grito de libertad, grito de esperanza, grito de terror, grito de dolor, grito de amor, grito de odio, grito de impotencia, grito de victoria, grito de aviso, grito de aburrimiento, grito de silencio— pero que siempre es liberador de tensiones, de energía, cuya estridencia se propaga en el aire y en el tejido social en ondas circulares. Como cuando la piedra toca ligeramente la superficie de un lago. Es, precisamente, en la estridencia y su difusión en onda, que reside una de las armas más poderosas de los políticos populistas. Lo que explica en cierta medida, por ejemplo, los resultados de los partidos neofascistas y de los radicales de izquierda en las recientes elecciones europeas.

El uso y la escenificación de la estridencia son redituables en política, pero desastrosas para la construcción de un mundo con calidad de vida y con libertades cívicas: frenan la posibilidad de aplicar soluciones de sentido común a problemas reales: impiden escuchar transversalmente a los millones que se transforman en "mayoría silenciosa"; obligan a la radicalización; instauran el caos social, económico y político. Cierran las opciones futuras y nos devuelven a la primacía de las entrañas sobre la razón.

La escenificación de la estridencia en el terreno político está poderosamente potenciada, hoy en día, por la viralidad de las redes sociales. Los grupos populistas que de ella hacen un uso cotidiano y masivo, no tienen una única idea programática que pueda resistir al test de su implementación práctica en contextos reales de gobernanza, pero por Dios, como GRITAN.

Gritan, gritan, gritan. Y el grito en su estridencia, monopoliza titulares y horizontes políticos.

La campaña (las campañas) dejan entonces de ser diálogos entre el elector y el candidato. Dejan de ser reflexiones colectivas (que nunca lo fueron) sobre cuestiones programáticas, debates ideológicos, abandonan el campo de lo ético y pasan a ser un ejercicio de estridencia colectiva que crea procesos de catarsis en que las masas de electores asumen comportamientos colectivos semejantes al de los fanáticos de fútbol en final de la Champions.

Y, tal como en un partido de fútbol, la ira, la frustración, los deseos reprimidos, los complejos personales, los odios internos y las rabias inconfesables salen de las gargantas en un sólo grito dirigido contra el adversario y, principalmente contra el "árbitro". Y, la multitud grita al ritmo de la estridencia del candidato. Y, los electores votan al candidato más estridente.

Los ejemplos de la eficiencia de la estridencia en política y de su transposición en los resultados de las urnas son diversos y elocuentes.

El "Yes we can" de la primera campaña de Obama quedó como el "caso de estudio" de la producción de una ola de estridencia "positiva" a partir de un grito de entusiasmo y de confianza en el futuro. Frente a esa ola de estridencia "positiva", tal como lo afirmó en su momento Meghan MacCain, la hija del candidato derrotado: "ni la presencia de Dios en el "ticket" al lado de mi padre hubiera podido revertir lo inevitable".

En México, la victoria de Fox es un manual de la estridencia en política. Frente al impacto de la crisis del 94 quien gana y llega a la Silla presidencial es el candidato que más grita, es la oposición visceral y estridente. La estridencia también ha sido una componente constante del discurso y de la imagen de AMLO.

Del otro lado del Atlántico, históricamente, no hay que olvidar la estridencia de Hitler y sus discursos que no son más que una secuencia de gritos al borde del histerismo. Proceso político escenificado por Goebbels y por Leni Riefenstahl, a través de un constante uso de la arquitectura y del contraste con el silencio de la noche, de la muerte y del pasado. Escenario en que el grito penetra hasta lo más profundo. Pero sí aislamos sus elementos observamos el vacío del mismo y hasta el ridículo y comicidad del gesto y de la estridencia, tal como magistralmente lo captó Charlie Chaplin en la película "El Dictador", en una escena que nos hace reír, desde hace décadas, a carcajadas. Lo mismo para Mussolini.

Es esa estridencia que usan eficientemente Martine Le Pen, del Frente Nacional, y Nigel Farage del UKIP, virtuosos de la escenificación del "candidato estridente". Sus (relativas) victorias en Francia y en el Reino Unido son el fruto de esa estridencia, amplificada por los medios de comunicación tradicionales, viralizada por las redes sociales, y que les otorgan una "profundidad" de impacto que, en la realidad, no tienen.

Frente a ese histerismo de la narrativa y estridencia retransmitida hasta la náusea de los partidos neofascistas y de los movimientos populistas, es evidente que los partidos "mainstream"- conservadores, liberales, social demócratas o socialistas democráticos- que se han alternado en el poder en los últimos 30 años, no supieron, ni conectar emocionalmente con el electorado, ni crear, a la manera de Obama y de su "Yes we can", la onda de repercusión, arrolladora e implacable, del grito de esperanza.

Con efecto, frente al odio, al racismo, a la xenofobia, al derrotismo, al aburrimiento, nada es más potente que la esperanza y la confianza en el futuro.

Necesitamos, urgente, de un movimiento estridente "positivo", que derrote las frustraciones apelando a la esperanza de un mundo mejor. No para mañana y no para el futuro. Sí, para hoy, para el presente.

10 Sociedad civil y transición política

(30 de junio 2014)

En el debate político actual (y Michoacán no es una excepción) asistimos a la constante referencia a la sociedad civil, que apela a su presencia, a su fuerza y a la necesidad de reorganizarse como elementos clave en la preservación del orden democrático en las relaciones sociales y políticas.

La sociedad civil se ha convertido en la "solución mágica" de las diversas narrativas ideológicas, frente a la fragmentación política, al estancamiento económico y a la erosión de las instituciones.

Sin embargo, frente a este colectivo uso y abuso del término, conviene aclarar que la sociedad civil no es, ni se presenta, como la negación absoluta del estado (de naturaleza) sino como una rectificación frente a lo que podríamos llamar una "sociabilidad" imperfecta. Como lo afirmaba Keane, existe una solidaridad social de carácter social que puede ser observada en diversos contextos. Es esta solidaridad social que encontramos "naturalmente" la que explica por qué la sociedad civil no es la negación, sino la rectificación de las imperfecciones de la condición "natural" del hombre presentes en la sociedad.

Así, la sociedad civil sólo puede existir cuando existe Estado. Estado, que siempre es dotado de un poder soberano limitado, divisible y resistible. Esta determinación que debemos a Locke, ha sido perfectamente enunciada por el constitucionalista español Peces-Barba que expresa en su obra, "derecho y Derechos fundamentales" que el fin de la sociedad civil es "la defensa de la libertad natural, convertida por la existencia del poder soberano en libertad civil, y, en ese sentido aparece ya la idea de que esa libertad civil es un límite al poder".

Es a partir de esta idea, que Hegel identificó, tal como lo afirma Riedel (ver cita) la virtud clave de la vida política occidental como siendo: "la de haber sido capaz de desarrollar estados que dejaban un espacio libre a sus ciudadanos para perseguir sus intereses, así como para administrar e interpretar la ley a su manera y practicar sin molestias sus costumbres, sin intervención despótica" (Riedel). Esta sociedad civil de que habla Hegel, se presenta en el siglo XIX como parte del "sistema de la atomística", pero únicamente en su estrato inferior, el del sistema de las necesidades.

Sin embargo, verificamos que hoy en día, tal como lo refiere Bobbio, la esfera de la sociedad civil se prolonga más allá del puro sistema de necesidades, ya que contiene no sólo lo económico, sino también lo social y las instituciones que administran el bienestar y la ley civil.

Hoy, sabemos, también que el concepto de "Sociedad civil" no es unívoco. Su organización descansa en los acuerdos entre grupos de individuos al margen del control del estado, haciendo hincapié en su capacidad de auto organización. Sin embargo, las relaciones entre estado y sociedad civil son complejas (cada vez más complejas). Para unos, la existencia de un Estado débil es una condición esencial del desarrollo de sociedades fuertes; para otros, la fortaleza de la sociedad depende de un Estado sólido.

Lo que no niegan ambas interpretaciones es que la sociedad exige una autoridad pública capaz de imponer el marco legal general para el desarrollo de las actividades individuales. Por lo tanto, la defensa de la ampliación de la sociedad civil no implica la propuesta de una sociedad sin Estado, lo que cuestiona es el modelo de Estado.

O sea, cuando el Estado muestra su limitación e impotencia hasta el punto de no poder garantizar los más elementales derechos, resulta perfectamente comprensible que el ciudadano se retire a la pasividad de vida privada, que procure satisfacer por sí mismo lo que en la sociedad civil no encuentra y lo que el Estado tampoco le proporciona. En esta idea se encuentra, al menos en parte, la explicación al preocupante y complejo proceso de radicalización al que nos está tocando asistir, tanto a nivel mundial como a nivel local. Radicalización que obscurece el papel fundamental de la sociedad civil en las transiciones y que al mismo tiempo no explica la extraordinaria imbricación y conexiones, en diversos niveles entre los grupos de interés, las élites políticas y la sociedad civil.

Transiciones que pueden clasificarse en función de si son protagonizadas por las élites políticas o si, por el contrario, son los ciudadanos o una sociedad civil más o menos estructurada, quienes, a través de su organización en distintos tipos de movimientos sociales y grupos de presión, llevan la iniciativa de las transformaciones que, finalmente, conducirán al país por la senda democrática.

En este sentido, hay dos corrientes intelectuales. Una de ellas insiste en el papel desempeñado por los movimientos sociales. Los autores de la corriente contraria afirman, sin embargo, que los actores más importantes de estos procesos de cambio son las élites políticas.

En un lugar intermedio dentro de esta polémica se encuentran otros autores que sostienen que tan importante resulta analizar las decisiones de las élites políticas como las acciones desplegadas por los movimientos populares. Ambos actores, élites y masas, se influyen mutuamente y no es posible explicar, por ejemplo, lo que ocurre en la transición michoacana que se arrastra desde el 2000 y que acaba de pasar por otro episodio dilatorio, sin tener en cuenta los movimientos tanto "desde abajo" como "desde arriba".

Para el lector que siempre busca profundizar su conocimiento más allá de un breve artículo de periódico, una guía mínima de lecturas puede captar la arqueología del concepto desde su nacimiento en 1776, en Edimburgo, en la obra de Adam Ferguson "Ensayo sobre la historia de la sociedad civil", a través de una evolución teórica, que nos lleva desde Ferguson, Adam Smith a Gramsci y a Lukcás, pasando obligatoriamente por Hegel y por interpretaciones contemporáneas realizadas por Bobbio, Aranguren, Solari, Lefebvre y Riedel .

11 ¿Ricos o pobres?

(7 de Julio 2014)

Las redes sociales han transformado a cada uno de nosotros, desde la comodidad de un sillón o de un Starbucks en "columnista" feroz, comentarista inmediato y, principalmente en un "esclavo" de los "trending topics". Por un lado, vivimos en la ilusión de una libertad impar, por otro lado, estamos socialmente paralizados.

Esta parálisis, pasa por la autocensura en los temas fundamentales y sobre la inacción política, la falta de participación en la construcción de movimientos incluyentes, alternativos e innovadores frente a la plutocracia narco-política-empresarial que nos rodea.

Dos ejemplos concretos de la ilusión de libertad que vivimos en las redes: conocemos, hasta la saciedad, la opinión de los "comentaristas" facebookeros sobre la detención de Mireles, pero nadie exige la publicación de los datos de todas las licitaciones de proyectos financiados con dineros públicos; tenemos todas las posibilidades virales del humor en red sobre el penal (no fue penal), pero no conocemos casi nada sobre el déficit avasallador en que está hundido el Estado.

Habría que pedirles su opinión sobre la guerra en los diversos puntos de ruptura geopolíticos, el paro, la política, el suicidio, la falta de atención en hospitales, el deterioro en la educación pública... Y también sobre las familias desahuciadas que se quedan con una mano delante y la otra detrás por causa de la crisis y de los millares de desaparecidos y de los muchos auto exiliados por miedo a la violencia cotidiana.

En la era del "Big Data", en que con un "click" de ratón tenemos acceso a millones de megabytes de información, existe un silencio ensordecedor sobre cuestiones fundamentales. Una de esas cuestiones que nunca se aborda es la manera como las mafias post modernas -alianzas monstruosas entre crimen organizado, iniciativa privada y élites políticas- acaparan los recursos, tejen una telaraña de corrupción y se emparentan en "dinastías" locales que, de bautizo en bautizo, de boda en boda, de presea en presea, rehacen en nuestro territorio, en nuestro estado, un remake diario del "Padrino".

Hoy por hoy, en este pantanal sólo existen dos grandes clases sociales: los narco-políticos-empresarios y los otros (nosotros). O sea: los nuevos ricos y los nuevos pobres.

Los primeros han realizado en todo su resplandor la vieja ley de Marx sobre el capitalismo: la creciente concentración de riqueza en manos de unos pocos. O sea, de una pequeña élite narco-empresarial-política.

Estamos volviendo al "capitalismo salvaje", en el que todas las esferas de la economía están dominadas no sólo por los ricos, en el sentido tradicional del término, y por los herederos de esa riqueza, sino que estos se confunden con aquellos cuya posición jerárquica al interior de los grupos familiares en la pirámide operacional de las mafias locales les otorga el control de los recursos naturales y el acceso a las arterias de los recursos públicos.

De modo que, en esta estructura narco política y narco-económica, tiene más importancia la ubicación del individuo en el tablero de repartición de cuotas que el esfuerzo y el talento, las competencias y las destrezas.

Sencillamente, la meritocracia es una variable que ha desaparecido de nuestra sociedad.

Y, como consecuencia dejó de existir la movilidad social. Ahora bien, meritocracia y movilidad social, son dos elementos indisociables y fundamentales en la construcción de las democracias. Cuando fallan, caen como un castillo de cartas, el estado de derecho, la seguridad, los sistemas educativos y de salud.

Ante la ausencia de oportunidades en una sociedad narco politizada, los nuevos pobres, eran hace tres décadas integrantes de clases medias pujantes que iniciaban un período de desarrollismo latinoamericano. Hoy, no tienen perspectivas a futuro, no tienen opciones presentes y soportan un reciente pasado que sólo les ha dejado secuelas psicológicas y tragedias familiares. Un buen número de gente hoy en día ni sabe lo que ha conseguido, ni si eso es mucho o poco en comparación con los logros de sus padres. Cuesta más cuantificar el progreso, cuando se da, y determinar dónde se encuentra cada uno en la escala social.

Porque los indicadores de pertenencia a una clase (según algunos sociólogos, la educación, ocupación, ingresos y riqueza) son obsoletos.

Hasta hace poco, quien tenía un nivel moderado o alto en esos ámbitos formaba parte de la clase media o acomodada. Y esos indicadores solían estar inter relacionados: quien trabajaba honradamente tenía bastantes garantías de estabilidad laboral y económica; quien contaba con una formación universitaria solía acceder a puestos cualificados y bien remunerados; quien había pasado 40 años trabajando podía jubilarse. Había otros problemas, obviamente, pero en ese sentido las reglas del juego estaban bastante claras. El esfuerzo tenía una recompensa.

Es evidente que eso ahora ya no sucede. Pero, lo preocupante es el silencio sobre este secuestro de las reglas del juego por las mafias postmodernas.

Hablamos mucho de descomposición social, pero no atacamos los elementos que nos imponen esa descomposición: la pequeña élite narco-empresarial-política y el secuestro de la sociedad que han impuesto en las dos últimas décadas.

Frente a la dicotomía social entre los narco-políticos-empresarios y los otros (nosotros), es urgente redefinir las clases tomando otras variables, más allá de los bienes materiales duros. Como el capital social (amistades, contactos, redes sociales) y el cultural (conocimientos, experiencias, riqueza cultural), ya que ambos confieren poder y estatus. O la variable esencial podría ser el valor de tu trabajo: ¿te realiza o te esclaviza? Por ejemplo, muchos jóvenes estadounidenses de la generación millenial (nacidos a partir de 1980) se muestran más inclinados a dedicarse a lo que les gusta que a lo que les aporta más beneficio, como destacan algunas investigaciones. Esta tendencia es propia de su edad, pero quizás este grupo, dadas las pocas perspectivas de bonanza económica, se decante más que los anteriores a la consecución de sus ambiciones personales.

Se podrían redefinir las clases. O podrían desaparecer. Sea como sea, el congelamiento de la estratificación social impuesta por la pequeña élite narco-empresarial-política es, no solamente destructora del tejido social, como desconcertante, y nos plantea los siguientes interrogantes: si contamos con educación y un buen puesto, ¿por qué no tenemos también estabilidad? ¿Cómo puede ser que las generaciones anteriores obtuvieran mucho más con mucho menos?

Lo peor de esta confusión es que puede conducir a la parálisis. Nos ha conducido a la parálisis. Si uno no entiende dónde se encuentra, no sabe qué hacer para avanzar. Si ha hecho lo que debía y no ha llegado donde quería, no sabe cómo reaccionar.

Si las reglas del juego no están claras, o mejor, están claramente secuestradas por los narco-políticos-empresarios, ¿cómo se sigue jugando?

Sólo existe una solución: cortar, tal como lo hizo Alejandro Magno, con la espada el nudo gordiano. Nuestra espada es la constitución (el bloque de derechos del primer capítulo), nuestro "Alejandro Magno", la sociedad civil organizada.

Teresa Maria Geraldes Da Cunha Lopes

12 El Chivo expiatorio

(15 de Julio 2014)

René Girard es un filósofo y antropólogo francés que ha analizado la violencia en las sociedades primitivas y su relación con lo sagrado. Pero la cuestión que debemos colocar es si esa relación, evidenciada por Girard, y analizada por Detienne, Jean-Paul Vernant o Vidal-Naquet como una componente fundamental de la emergencia de las sociedades humanas, de la ciudad-estado (la polis), y de la política, ha desaparecido en las sociedades contemporáneas.

La respuesta es no. Esa violencia, continúa presente. Su relación con lo sagrado es que perdió visibilidad, aunque no deja de ser válida. Diversos investigadores han demostrado que ciertos rasgos de la modernidad se alimentan, y a su vez alimentan a la violencia a través de la construcción de narrativas, de estereotipos, de normas sociales, de reglas "morales" y de símbolos que propician la producción de las identidades de grupo.

Identidades de grupo que se colocan en el centro del conflicto (de los conflictos), que nacen en la construcción de la dicotomía entre "nosotros" y "los otros". Entre los miembros del grupo y los "externos". Entre el Islam y Occidente. Entre palestinos y judíos. Entre Tutsis y Hutus, etc., etc.

La violencia islamista contemporánea (yihadismo), en particular, ofrece un estudio de caso para estos axiomas teóricos. El ejemplo no es único. De hecho, podríamos también hablar, de su transformación en el elemento central de la narco estructura religiosa sui generis del cártel michoacano, "Los Caballeros Templarios". Sin embargo, el primer caso es más conocido y generalmente usado como ilustrativo de la naturaleza de lo sagrado, de la violencia ritual y de su manifestación en el campo público y de la política, y de su relación con la historia. La tradición islámica y la historia musulmana moderna también proporcionan un modelo para la comprensión analítica de los símbolos religiosos y su degradación en símbolos de una típica moderna demanda de reconocimiento del ego y del grupo de identidades orientadas.

Esta configuración psicosocial escapa necesariamente a la atención de los actores, y debido a la persistencia nominal de los símbolos antiguos, también puede escapar a la atención de los observadores. Sin embargo, exponer y explicar estas discrepancias es una de las tareas centrales del análisis del terror, de la violencia y de la propagación de una cultura de la muerte y de la violencia en el mundo contemporáneo.

Ahora bien, para comprender el fenómeno de la violencia y de la pervivencia de su conexión con la religión se requiere una aproximación teórica a la tarea. Lo ideal será que el marco teórico integre los conocimientos de la neurobiología y de la etnología para dilucidar las raíces de la agresión en el organismo y sus manifestaciones en el comportamiento animal de los humanos, la expresión de éstos elementos en la violencia humana, etc., etc. Además, requiere una cuidadosa atención a la lingüística y otras expresiones de la cultura, tales como el papel especial de las representaciones religiosas, y en este sentido, a los mecanismos, al tiempo y lugar, por lo que el papel de la religión en el mantenimiento del orden cultural se invierte, y se convierte en un aliado de la violencia.

Es evidente que tanto las teorías psicológicas, como la escuela psicoanalítica, tienen una contribución que hacer en este sentido. Pero también presentan limitaciones. Así, el marco teórico de referencia más convincente, hasta la fecha, parece ser la teoría antropológica de René Girard (arriba citada) que se centra en el deseo mimético, la violencia, la resolución a través de chivos expiatorios y la posterior prolongación y transferencia en el ritual: muerte individual, sacrificio o guerra. Lo sagrado aparece así en el origen de la violencia original y de las rupturas del paradigma del orden cultural. Pero también alberga un potencial para el resurgimiento de la violencia oculta bajo el manto civilizacional del orden jurídico internacional.

El orden jurídico internacional, en particular el bloque de los DIDH, crean la apariencia del orden, de la contención del caos de la violencia interna a la guerra. Hasta cierto punto esta percepción refleja el hecho de que las sociedades contemporáneas, en particular las occidentales, en que la íntima conexión entre la violencia y el sagrado ha dejado su función central de elemento aglutinador de la comunidad y constructor de la identidad del grupo, han eliminado el sacrificio y su capacidad simbólica de canalizar la violencia que ha sido sustituida por la primacía del sistema jurídico y de las estructuras judiciales.

Sin embargo, bajo este nuevo paradigma, que podríamos definir como apoliniano, se mantienen vigentes estructuras ancestrales, dionisiacas, mediante las cuales, la comunidad dirige su agresividad contra victimas definidas, siempre definidas , tal como ya lo referí, como el "otro"; el que no es integrante del grupo, el emigrante, el diferente, el "Xenos", el seguidor de otro Dios. O sea, víctimas siempre "externas" y, por lo tanto, deshumanizadas. Externas, por lo tanto, sin pertenencia al grupo. El que puede ser sacrificado. Aquél que puede ser transformado en "Chivo expiatorio", porque no hace parte de la "umma" (la comunidad de los creyentes) o porque no comulga de la judeidad.

Existen diversos orígenes del término "chivo expiatorio": 1.- en el capítulo 16 del libro del Levítico, así se designa al macho cabrío que se ofrece en oblación para la expiación de los pecados 2.-en la tradición inglesa "scapegoat" es la palabra que designaba a la víctima en este rito, término que también puede ser traducido como "víctima propiciatoria" o "cabeza de turco". A inicios del siglo XX, en su obra magna "The Golden Bough", Frazer usa de este término, para evocar gran cantidad de rituales que tendrían en común la creencia de que la culpabilidad y otros sufrimientos comunitarios podían ser transferidos hacia una víctima, animal o humana, designada ritualmente.

Hoy en día, encontramos el término en conversaciones, novelas populares o artículos periodísticos refiriéndose a la víctima o víctimas de una violencia o discriminación injusta como "chivos expiatorios", sobre todo cuando se les acusa o castiga por los "pecados" de otros. O sea, alude a los fenómenos de transferencia de culpabilidad que podemos observar a nuestro alrededor.

Es precisamente aquí, en este punto de análisis que es importante recuperar el concepto del "mecanismo del chivo expiatorio" tal como lo interpreta Girard. Se trata de un "violento desplazamiento de violencia sobre una víctima", o sea, "designa la ilusión unánime de una víctima culpable, producida por un contagio mimético, por la influencia espontánea que los miembros de una misma comunidad ejercen los unos sobre los otros".

Por regla general, una comunidad que se activa para buscar y encontrar chivos expiatorios es, según Girard: "una comunidad perturbada por disensiones o por algún desastre real o imaginario". Por ejemplo, la actual sociedad israelí está secuestrada por la visión apocalíptica del futuro de Israel del actual primer ministro, y líder del Likud, Netanyahu, para quién la solución de dos estados, es peligrosa para la supervivencia a largo plazo de Israel.

Del otro lado, la incapacidad del Hamás para poder ir más allá de la opción sectaria, del radicalismo del terrorismo islámico, y de una narrativa basada en teorías conspirativas antisemitas, incluyendo Los Protocolos de los Sabios de Sión que se encuentran en el centro de la arquitectura de su carta fundacional. Para ambos campos, la violencia que alimenta más violencia establece un ciclo que reproduce el "mecanismo del chivo expiatorio".

Así, la sociedad, la comunidad, el grupo, la pandilla establecen un falso vínculo de causa-efecto entre el chivo expiatorio que han elegido y el origen real o imaginario del problema al cual se enfrenta, sea cual sea. El problema puede ser la religión, la alimentación, el territorio, la mujer (estos son los tres elementos tradicionales) o, puede ser la repartición de los ingresos de actividades ilícitas, de las rutas del tráfico, etc., etc.

En este proceso interno y propio a las sociedades fracturadas, las crisis colectivas ponen en cuestión el status quo establecido, diseminando la indiferenciación y la rivalidad en las relaciones entre los individuos, que no cesan de imitarse y de ser imitados recíprocamente en su comportamiento violento. Se genera así cada vez más simetría, intensificándose la reciprocidad violenta y el conflicto.

La comunidad se encuentra en un estado hobbesiano de lucha de todos contra todos, de violencia mimética incontrolable que, paradójicamente, llegado su extremo apogeo supondrá el punto de inicio de su resolución: "cuando la violencia mimética impregna todo un grupo y alcanza el paroxismo de su intensidad, engendra una forma de persecución colectiva que tiende hacia la unanimidad precisamente en razón del hecho de que la susceptibilidad mimética de los participantes está elevada al máximo".

La violencia caótica e indiferenciada llega, entonces, a un punto de no retorno. La persecución colectiva empezaría a gestarse también gracias a la especial capacidad mimética humana de focalización de la hostilidad sobre determinados individuos (el otro), gracias a que determinados modelos son imitados en su violencia contra otros, lo cual hace que tras el caos total emerja una cierta organización.

Por otro lado, el "mecanismo del chivo expiatorio" obedece al principio de la transferencia. Bajo este principio de transferencia toda la comunidad podría cargar sobre la víctima su malestar y tras, por ejemplo, su linchamiento (que puede ser psíquico o físico, pero que es siempre unánime) beneficiarse de los efectos catárticos del crimen. La unanimidad colectiva contra una víctima derivaría en el igualmente colectivo y unánime crimen contra ella que pondrá fin a la crisis. Cabría pensar que, con el restablecimiento de la estabilidad social, gracias a la catarsis colectiva, se pondría fin al mecanismo.

Sin embargo, sus efectos no serían imperecederos y una nueva crisis puede estar ya gestándose, de nuevo al hilo de cualquier disensión interna en la comunidad, por cualquier motivo, que suscite de nuevo el proceso.

En su proceso de simetría mimética la derecha israelí y los fundamentalistas del Hamás accionan un típico mecanismo del "chivo expiatorio" encerrando y secuestrando a sus respectivas sociedades en un permanente ciclo de crisis colectivas cuya resolución pasa por la intensificación de la reciprocidad violenta, por el conflicto, por la tregua y de nuevo por otra crisis colectiva. En este proceso repetitivo, cada uno se ha transformado en el chivo expiatorio del otro.

13 Para sobrevivir Israel debe transformarse en el "soft power" regional y bajar las armas

(21 de Julio 2014)

Para sobrevivir debe abandonar la política de asentamientos en los territorios ocupados y crear las condiciones políticas para un acuerdo que permita el establecimiento de los dos estados previstos en los acuerdos de Oslo. Pero el actual gobierno de derecha israelí, ha secuestrado el país bajo la "visión apocalíptica" de que la sobrevivencia de Israel pasa por minar la solución de los dos estados.

Y, del otro lado, no es claro con quién firmar ese acuerdo. Hamás, para sobrevivir no lo puede firmar ya que toda su estrategia y retórica se reduce a la destrucción de Israel. La Autoridad Palestina y Al-Fatah se encuentran paralizados por la cuestión (importante) de la sucesión de Abbas. Bajo esta lógica disfuncional, todas las acciones del gabinete israelí van en el sentido de no dejar que el Hamás se alíe con Al Fatah en un gobierno de unidad palestina

Tal transformaría a la Autoridad Palestina en un gobierno viable que aceleraría la solución de los "dos estados". Esta solución, apoyada por la mayoría de los israelís, pero rechazada por Hamás, es contraria a la visión del Likud, el actual partido en el poder en Israel. Y, con la situación en Siria, la amenaza del califato en Irak y la posible transformación de Irán, arriba referida, en potencia nuclear, Netanyahu, puede "vender" el punto de vista de la necesidad de la Operación Margen Protector, bajo el argumento de que los tiempos no están para "jugar la seguridad de Israel a los dados".

Sin embargo, los métodos usados para la contención de Hamas no son ni eficientes, bajo un punto de vista militar, ni bajo un punto de vista político.

Es evidente, además que se colocan serias cuestiones éticas y jurídicas a la luz de los principios mínimos de humanidad y de la doctrina del derecho internacional de la guerra.

En la batalla por la opinión pública, Hamás se beneficia de las muertes de civiles causadas por los ataques del ejército israelí, Tsahal.

Lo que queda, tanto en la percepción de la opinión pública mundial como de los "resultados" mínimos militares, parece reducirse a una constatación formulada por Gideon Levy, columnista del Haaretz.com y que retomo: la operación "Margen Protector" sólo ha servido, hasta el momento, para matar palestinos. No para asegurar la seguridad de Israel.

Después de la Operación Plomo Fundido a principios de 2009, durante el cual cientos de civiles inocentes en la Franja de Gaza fueron asesinados, Israel pagó un alto precio en forma de censura internacional, que alcanzó su punto máximo en el informe Goldstone.

Israel debería haber aprendido la lección. Pero los primeros 9 días de la Operación "Margen Protector" nos hacen temer que el gobierno de derecha de Israel no ha aprendido nada. El creciente número de víctimas palestinas no sólo daña su reputación internacional, es, ante todo, una corrupción de su propio carácter moral.

Cuanto más tiempo durar la operación Margen Protector, más clara la naturaleza de los objetivos de la IAF. Esta vez, incluyen las casas de los operativos de Hamas y de la Jihad Islámica. La Organización de derechos humanos B'Tselem de Israel dijo ayer que esto viola el derecho internacional humanitario (y tiene razón), ya que las normas internacionales sólo permiten ataques contra objetivos que efectivamente ayudan las acciones militares. Los hogares de las personas que participan en los combates contra Israel no se ajustan a esta definición. Tampoco matar a sus parientes es una necesidad militar.

La semana pasada, según fuentes sanitarias palestinas, cuatro niños han muerto tras el impacto de un misil en la playa de Gaza. Testimonios citados por periodistas locales, en particular el de un corresponsal del rotativo británico "The Guardian", testigo ocular de esta tragedia, afirman que el ataque procedió de la Fuerza Naval israelí.

Los niños se divertían al atardecer en la playa, cerca de donde se aloja la prensa internacional, cuando oyeron un primer disparo y echaron a correr. Un segundo proyectil, al parecer procedente de uno de los barcos que desde hace años patrullan frente a la costa de Gaza, impactó sobre ellos cuando trataban de huir.

"¿Qué objetivo estratégico hay aquí? Ninguno. Así, no es de sorprender que muchos sectores de la sociedad civil israelí sean muy críticos con la operación militar, con la política de asentamientos en los territorios ocupados y con las alianzas del Likud con los pequeños partidos de la ultra derecha religiosa.

Los costes en sangre y vidas, las falsas premisas de la Operación "Margen Protector", sólo potencian los continuos retos de la realidad árabe y la inestabilidad en la región. No podemos, como comunidad internacional, y la sociedad israelí también no puede, continuar ciegos ante las muertes de los civiles.

El costo humano de las personas que viven en zonas de guerra es insoportable. Las consecuencias morales (y también reales) para nosotros que observamos desde el exterior son insoportables. La ruptura de los principios fundadores del Estado de Israel, del paradigma de los sobrevivientes del Holocausto para quienes, Israel era el símbolo de que el horror de la Shoah no se repetiría, es insoportable.

No podemos cerrar los oídos a las voces de las víctimas, despreciar sus quejas sobre las incursiones de medianoche, las búsquedas casa por casa, los puntos de control, los ataques de aviones no tripulados, sobre las bombas que caen sobre un territorio urbano en que es casi imposible distinguir al enemigo armado del civil indefenso.

Pero nuestro análisis no debe ser únicamente emocional. La negación de esta realidad no es ni políticamente conveniente ni asegurará la sobrevivencia de Israel. Lo sabemos, nosotros que estamos lejos, lo saben los israelíes judíos, los israelíes palestinos y los israelíes drusos.

La fuerza de Israel ha residido, hasta el momento, no sólo en las armas (hard power), sí en el "softpower" de una democracia que asegura transparencia, rendición de cuentas, equidad y en que la libertad de expresión es sagrada. Estos valores democráticos han tenido una fuerte influencia sobre la propia evolución interna del comportamiento político de los diversos sectores palestinos. Lo que fue visible, por ejemplo, en las elecciones del 2007.

El softpower es un concepto introducido por Joseph Nye desde hace más de 20 años, como un componente de la fuerza nacional. El soft power se basa en la existencia de Libertades, como la libertad de expresión, las libertades de opción de vida, de respecto por el individuo y por sus sueños y aspiraciones individuales, por el goce de los frutos espirituales y de los bienes materiales. En este aspecto, el soft power de que habla Nye, es profundamente hedonista, en la acepción de la tradición occidental que permitió a pensadores como Jenofonte, Aristóteles y Adam Smith desarrollar una teoría político-económica basada en la propiedad privada, en el imperio de la ley, en las garantías individuales y en la búsqueda de la felicidad.

Un país con "poder cultural blando", sostiene Nye podría doblar a otros a su voluntad sin recurrir ni a la fuerza de las armas ni al mero imperialismo económico:" El éxito depende no sólo del ejército que gana, pero también de la historia (de la civilización) que gana", escribió Joseph Nye en 2005.

El único país en la región que tenía, tiene softpower es Israel. A pesar de todas sus contradicciones, Israel puede por ejemplo decir al mundo que tiene un sistema de Justicia que funciona, aun cuando la víctima es palestina y el victimario judío, tal como lo ha probado inúmeras veces. Pero cada niño muerto en las calles de Gaza bajo los escombros de una casa derribada por un misil hace desaparecer esa realidad.

El softpower es la única ventaja comparativa que posee Israel y la pierde con cada gota de sangre derramada en las ofensivas aéreas y terrestres en los territorios ocupados.

De hecho, la propia ocupación de los territorios y más aún el permiso para expandir los asentamientos son un arma mortal que el gobierno israelí clava en el pecho de la nación. Es altura de denunciar, el secuestro de la visión a mediano y largo plazo de Israel por la derecha y ultra derecha.

El problema interno es que la oposición israelí está fragmentada, sin un líder y sin norte. Lo que dificulta el ejercicio de una política de equilibrio democrático y anula sus posibilidades en las urnas. Pero, para sobrevivir Israel tiene que "bajar" las armas y optar por transformarse en el "softpower" regional.

14 Los Estados son los laboratorios de la democracia mexicana

(28 de Julio 2014)

Recientemente en una de las columnas diarias de Paul Krugman en el New York Times reencontré esta frase del grande jurisconsulto y Juez de la Suprema Corte a finales del siglo XIX, Lois Brandeis1: "The states are the laboratories of democracy". Era verdad entonces. Es una verdad que continúa siendo aplicable, hoy, en Michoacán y en México.

En efecto, no es una "ley" que se aplique solamente a las democracias liberales, o al funcionamiento del sistema político estadounidense, aunque la aplicación de sus conclusiones plantea obstáculos en ámbitos distintos del norteamericano. Pero seamos concretos. Cuando observamos el caso específico de Michoacán, no pueden existir dudas que el estado se ha transformado en un "laboratorio" de la democracia mexicana. Y que esta condición, no es negativa, sí una contribución importante para el fortalecimiento de la democracia mexicana y del estado de derecho. Condición que coloca entre paréntesis, erosiona, el paradigma aceptado generalmente, de que todo parte del centro, y que los estados se reducen a un papel pasivo.

Por ejemplo, en cuestión de seguridad nacional, el Estado de Michoacán, si bien ha sido el laboratorio de la estrategia de militarización del ex-Presidente Felipe Calderón, hoy es el laboratorio de una estrategia integral de recuperación del territorio a la cual hemos estado asistiendo, en sus diversas fases, desde que el lunes 27 de enero 2014, se firmó un Acuerdo o Pacto entre el Gobierno y los grupos de Autodefensa de Michoacán. Documento en que se definió la hoja de ruta de la opción política pragmática de crear las estructuras de encuadramiento institucional de los comunitarios, uno de los objetivos prioritarios de la estrategia integral de seguridad del Gobierno central para Michoacán. Pero, este cambio en la definición de los ejes de la política de seguridad nacional ha sido forzado, por aquellos que eran los "olvidados" de Tierra Caliente y por su levantamiento como autodefensas.

A lo largo de los meses hemos asistido a avances y a retrocesos (parafraseando a Lenin: dos pasos adelante y uno atrás), lo que es de esperar (era de esperarse) ya que estos procesos son lentos, llenos de riesgos y muy complejos, tanto más que los Estados democráticos y de derecho tienen una complejidad arquitectural y constitucional que obligan, lo que sólo puede ser considerado como positivo, a que todas las acciones se enmarquen en el respeto absoluto de los derechos humanos.

Sí bien, sobre este último punto el "laboratorio" de la democracia no ha funcionado dentro de los parámetros considerados como estándares mínimos, lo que se refleja en el récord de quejas recibidas y registradas por la CNDH, en los últimos meses, también es verdad que existe una recuperación real del territorio y que el movimiento de las autodefensas obligó al "centro" a tener una otra mirada sobre Michoacán, una presencia más activa y, hasta como en un castillo de cartas , a un cambio en el ejecutivo estatal.

Pero, este no es el único experimento en el "laboratorio de la democracia" en que se ha transformado Michoacán. Otro experimento, menos drástico, pero tal vez de mayor impacto sobre el funcionamiento de la democracia y del sistema político mexicano, ha sido la evolución del caso de Cherán.

En mayo pasado, la Suprema Corte de Justicia de la Nación (SCJN) resolvió la controversia constitucional 32/2012 interpuesta por el municipio p'urhépecha de Cherán en contra de los Poderes Legislativo y Ejecutivo de Michoacán. Lo que se discutía en esta controversia constitucional era si la reforma constitucional aprobada por el Congreso de Michoacán en materia indígena contravenía, o no, los tratados internacionales y si era, o no, violatoria del derecho a la consulta previa del municipio indígena de Cherán, al afectar sus posibilidades de elegir sus autoridades por "usos y costumbres".

O sea, más allá de una estricta interpretación del derecho, lo que estaba en juego era la posibilidad de que el pleno reconocimiento de los derechos colectivos posibilitase la defensa integral del territorio de Cherán contra las acciones de despojo y violencia del crimen organizado.

La lectura de las conclusiones a que llega la Corte son extraordinariamente interesantes ya que , por un lado, reconocen la existencia de "Legitimación activa"2 ("Los promoventes, en su calidad de Concejeros Mayores del Gobierno Comunal del Municipio de Cherán, Michoacán, cuentan con atribuciones para acudir a este procedimiento, y si bien los municipios carecen de interés legítimo para alegar una violación al artículo 2° de la

Constitución Federal, porque las controversias constitucionales no fueron instituidas para defender los derechos de los pueblos o comunidades indígenas que se encuentran geográficamente dentro de su circunscripción territorial, esta regla no cobra aplicación cuando la parte actora demuestre que sus representantes fueron electos y legalmente reconocidos mediante el sistema de usos y costumbres, y alegue, además, que los actos reclamados presuntamente atentan contra ese modo de designación, la eficacia de su continuidad o la forma de su desempeño") y, por otro lado, la SCJN declara 3"la invalidez de la reforma a la Constitución del Estado Libre y Soberano de Michoacán de Ocampo, publicada en el Periódico Oficial de la entidad el 16 de marzo de 2012, en virtud de que no consta en el juicio que el Municipio de Cherán haya sido consultado previamente a su aprobación, mediante un procedimiento culturalmente adecuado, informado y de buena fe, a través de las instituciones que lo representan, en cumplimiento al Convenio 169 de la Organización Internacional del Trabajo sobre Pueblos Indígenas y Tribales en Países Independientes, lo que revela que el proceder del Poder Legislativo demandado violó su esfera de competencia y sus derechos".

Un tercer ejemplo de la importancia de los estados, en particular del Estado de Michoacán, en la construcción de los nuevos elementos de la democracia mexicana y del impacto de estos procesos "laboratoriales" sobre todo el sistema, es el de la lucha por la aplicación de los principios de equidad y no discriminación. Lucha, de la cual, el primer matrimonio universal celebrado en la entidad en marzo del 2014 es un ejemplo concreto. Matrimonio igualitario que sólo fue posible mediante un amparo ante el Poder Judicial de la Federación ante la negativa del registro civil de aceptar la solicitud de matrimonio de Claudia y de Alejandra. Negativa que el Registro Civil fundamentaba en los artículos 123 y 125 del Código Familiar cuya redacción no contempla el matrimonio en Michoacán entre personas del mismo sexo. Ante la omisión de los legisladores en adecuar los textos legislativos estatales a los principios de la Carta Magna reformada en junio del 2011, es sobre el Poder Judicial que recae, en virtud del control difuso de la convencionalidad y del principio pro persona, garantizar derechos fundamentales reconocidos en la Constitución, pero ausentes de los códigos estatales.

Vía que no ha sido exclusiva del Estado de Michoacán. En todas las sentencias relativas a casos de otros Estados, dictadas por la Suprema Corte de Justicia de la Nación (SCJN) – Oaxaca, Campeche, Baja California, Colima, etc. – esta ha emitido sus sentencias con apego a la Constitución y con argumentos jurídicos que se desprenden de la propia Carta Magna en el sentido de garantizar la igualdad de todos y de todas ante la ley, frente a las limitaciones que todavía se encuentran en textos legislativos de jerarquía inferior. Creo, que la demostración está hecha: los estados (y el Estado de Michoacán, no es una excepción) son los laboratorios de la democracia. El enunciado de Brandeis continua vigente.

Quod erat demonstrandum

Notas:

1.- Lois Brandeis es el autor, conjuntamente con Warren del célebre artículo del 15 de dic. Del 1890, en que se configuró un nuevo a la privacía - "The Right to Privacy", publicado por la revista de Harvard

2.-   Ver   página   institucional   de   la   SCJN http://www.sitios.scjn.gob.mx/video/?q=category/actor/municipio-de-cherán

3.- ibid

Teresa Maria Geraldes Da Cunha Lopes

15 "El capitalismo en el Siglo XXI" de Thomas Piketty

(13 de agosto 2014)

¿Estaremos condenados a dejar en manos de los Juncker, de las Lagarde, de las Merkel, la conducción de una salida para la crisis?

Parecería que sí, hasta la publicación de la obra de Piketty: "El Capital en el siglo XXI". Incapaces, por su propia formación de asumir ese papel del visionario o el método del filósofo ante los problemas actuales, todo lo que podían hacer los tecnócratas de la economía era una simulación de "reformas" enmascaradas en una terminología repetitiva: credibilidad, disciplina presupuestaria, recorte al gasto público, bonos europeos, troika, fondo europeo de estabilización financiera, edge funds, etc., etc.

Olvidadas en este océano de ruido quedaban las cuestiones fundamentales y salía a relucir su imposibilidad (real) de ver que la economía es una importante componente de la vida de cada uno de los seres humanos. Bajo cubierta de la terminología técnica de los hombres de los bancos centrales y de los operadores de Wall Street, quedaba olvidado que cuando se "recorta el gasto público", no se trata de una operación quirúrgica con láser que abre un corte limpio sobre un concepto abstracto. En la realidad, en lo concreto, se trata de eliminar diversos programas, como los de la seguridad social, los educativos y los de salud. Programas que son fundamentales para establecer un sistema de redistribución humanamente soportable, y socialmente necesario, que parte de la definición de "Justicia" y de "Equidad", no de una operación contable

Hoy, Thomas Piketty y su grupo de investigación nos han dado las herramientas para sobre bases cuantitativas, hacer una interpretación filosófica del Sistema de manera a que nuestras opciones, no sean opciones políticas a ciegas, sí verdaderas opciones del rumbo que queremos dar a nuestras sociedades.

 Hace un par de meses afirmé, en una columna de opinión que los manifestantes que ocuparon Wall Street ejercieron, en su momento, una función que aparentemente los economistas han dejado de hacer, o que, simplemente no pueden ya hacer porque no fueron enseñados a pensar. Que los indignados, de Madrid, de Lisboa, de Nueva York, de Paris o de México, están colocando cuestiones sobre la naturaleza del sistema económico y del paradigma vigente, el capitalismo.

Esa función, que los economistas abandonaron (con la excepción de unos pocos, como Paul Krugman o Thomas Piketty) es la de pensar en términos filosóficos, colocando cuestiones sobre la naturaleza de los sistemas y sobre los paradigmas en que se sustentan los sistemas económicos, modelando el presente y produciendo visiones del futuro revolucionarias.

Ahora bien, esa función, no es la única que los economistas han abandonado. Si, por un lado, han desarrollado magníficos instrumentos matemáticos para analizar la complejidad de los comportamientos económicos, dejaron de producir las bases de datos con profundidad histórica que permiten una mirada sobre, como diría el historiador Fernand Braudel, el tiempo largo. Viven en el presente, trabajan el momento y, por lo tanto, sólo oscilan entre el inmediatismo y el debate ideologizado de esa imagen trunca de la realidad.

No me parece, entonces arriesgado, afirmar que "Capital in the Twenty-First Century" [El capital en el siglo XXI], la obra magna del economista francés Thomas Piketty, será el libro de economía más importante del año (y tal vez de la década)porque recupera la visión de sistema, tal como Smith, Marx o Keynes lo hicieron antes y lo hace sobre una minería de datos que abarcan series históricas de tres siglos para algunos casos (caso de la Francia) y de 150 años para otros casos de estudio, como por ejemplo Estados-Unidos . Y el resultado es ensordecedor: estamos en vías de reproducir las concentraciones de riqueza de una plutocracia a niveles que habían desaparecido desde la primera Guerra Mundial

¿Quién es Piketty?

Piketty, posiblemente el mayor experto mundial en desigualdad de rentas y patrimonio, trabaja en la "Hautte Ecole Pratique de Sciences Sociales" y en la HEC de París. Thomas Pikety es precisamente, el economista que de nuevo viene a dar de nuevo un sentido político-social- filosófico a la economía como ciencia, o sea, hace algo más que documentar la creciente concentración de la riqueza en manos de una pequeña élite económica. También defiende de forma convincente el argumento de que estamos volviendo al "capitalismo patrimonial", en el que las altas esferas de la economía están dominadas no solo por los ricos, sino también por los herederos de esa riqueza, de modo que el nacimiento tiene más importancia que el esfuerzo y el talento.

Por supuesto, Piketty reconoce que todavía no hemos llegado a eso. Hasta ahora, la opulencia del 1% superior de Estados Unidos se ha debido principalmente a los sueldos y las primas de los ejecutivos más que a las rentas procedentes de las inversiones y más aún que a la riqueza heredada. Pero seis de los diez estadounidenses más ricos son ya herederos, más que emprendedores hechos a sí mismos, y los hijos de la élite económica de hoy parten de una posición de inmenso privilegio. Como señala Piketty, "el riesgo de un giro hacia la oligarquía es real y da pocos motivos para el optimismo".

Así es. Y si quieren sentirse aún menos optimistas, piensen en las actividades a las que se dedican muchos políticos de Estados Unidos, de Francia, de Portugal o de España (y muchos políticos mexicanos, ejemplo perfecto Purificación Carpinteyro). Puede que las incipientes oligarquías todavía no estén completamente formadas, pero nuestros principales partidos políticos parecen estar entregados a defender los intereses de la oligarquía.

Es más que evidente que necesitamos una nueva visión de un futuro y de una economía que sea alternativa del capitalismo. Sin embargo, gracias a las décadas de formación académica en la "economía tipo odontología" los Keynes o los Friedman de hoy son tan difíciles de encontrar como el abominable hombre de las nieves.

¿Pero, regresemos a nuestro tema y coloquemos la cuestión: ¿cuál es el contexto de producción de la obra de Piketty?

El contexto de producción de la obra de Piketty presenta dos vertientes de crisis: una de crisis económica; otra de crisis del paradigma económico.

Los economistas (lo hemos visto en los últimos cuarenta años y con mayor incidencia desde el 2008, inicio de la recesión mundial), como comunidad de investigación, han perdido la capacidad de perspectiva. Los economistas, de quiénes se podría esperar un macro análisis del sistema, de sus interacciones, de sus paradigmas y de sus puntos de ruptura, hace tiempo que han dejado de pensar en términos de los sistemas económicos, y por ende están intelectualmente paralizados frente a la urgencia de una reflexión sobre el capitalismo, como sistema, y a la necesidad de construir una visión integral (filosófica) del mundo.

Esto no siempre fue así. Hasta los años setenta todos los departamentos de economía de las grandes universidades (y las otras por reflejo mimético) solían ofertar una panoplia de cursos teóricos sobre "sistemas económicos comparados", en que los contrastes entre el capitalismo y el socialismo o la comparación entre los países escandinavos, el modelo francés y los modelos anglosajones del capitalismo eran analizados con profundidad y con encendidos debates teórico-filosóficos.

Este tipo de formación intelectual surgió en el contexto de la guerra fría, cuando la batalla del bloque occidental de las democracias liberales con la Unión Soviética pasaba por la demostración filosófica, ética y teórica de que nuestro sistema era mejor que el suyo.

En esos tiempos leíamos a Althusser, antes de leer a Marx y a los "Socratic Puzzles" de Robert Nozick antes de atacar la lectura de la "Teoría General" de Keynes, o íbamos escuchar a Lévi-Strauss hablar de las sociedades a-históricas, pasando por una rápida hojeada de Deleuze y Guattari, de los cuales se descansaba, el fin de semana, con las novelas de Alexander Zinoviev antes del debate en clase sobre las cuestiones propiamente económicas. Pero con la caída del Muro de Berlín y la desaparición de la Unión Soviética, esta motivación desapareció.

La globalización, según nos martillan en titulares que duran tan sólo un minuto en la copia electrónica de los medios de comunicación, ha creado un sistema único de capitalismo impulsado por la competencia internacional (haciendo caso omiso de las diferencias muy reales entre, por ejemplo, China y Estados Unidos; Francia e Inglaterra; Brasil e India). Y, como, aparentemente esta es casi la única fuente de conocimiento de un sistema educativo que dejó de pensar para pasar a "copiar y pegar", método disfrazado en sistema de "competencias y destrezas" por nuestros queridos estalinistas de la pedagogía, producimos un producto universitario para el mercado de trabajo y no un ser humano crítico, pensante y dudando.

Ahora tenemos una profesión llamada "licenciatura en economía", con economistas, que casi nunca abordan su tema fundamental, "el capitalismo". Lo mismo podríamos decir de los juristas, que se educan en "leyes" sin casi nunca reflexionar sobre la cuestión fundamental de la justicia y de la naturaleza del derecho, pero este tema queda para otra ocasión.

Para la mayor parte de los economistas actuales, esta reducción del ángulo de visión y de las capacidades de interpretar críticamente el sistema, parece ser irrelevante. De hecho, muchos son aquellos que argumentan que lo que importa son las preguntas sobre si los mercados son competitivos, si la competencia es monopolística o las cuestiones sobre el funcionamiento de la política monetaria.

Para la mayor parte del público, la tecnocratización de la economía y, por ende, de los decisores de las políticas públicas, es considerada normal, inclusive garantiza un dominio técnico que irradia confianza. Hasta que la crisis nos confrontó con la ausencia total de un pensamiento crítico, con el desnudo cinismo de aquellos que no parten de un principio, de ningún principio, se exceptuamos al "pragmatismo" y cuya visión es parcelaria, fragmentaria y conceptualmente frágil.

Hay algo de verdad en ese argumento. Con efecto, durante el período de estabilidad del paradigma vigente, los economistas hacen mucho mejor su trabajo cuando abordan problemas bien definidos y delimitados. En esto siguen la opinión enunciada por Keynes, de que los economistas deberían ser más como los dentistas: "gente modesta que observa una pequeña parte del cuerpo, pero que elimina una grande cantidad de dolor".

Sin embargo, también hay desventajas en acercarse a la economía como un dentista. Sobre todo, en períodos de acumulación de contradicciones al paradigma vigente (el capitalismo), en períodos de ruptura del sistema, cuando la pérdida de la visión de conjunto sobre el sistema impide la producción del nuevo paradigma.

En la ausencia de visionarios poderosos capaces de hacer la refundación teórica necesaria del propio capitalismo, este no puede cuestionarse y, por ende, ni evolucionar ni transformarse. Se introduce, entonces la "stasis", o sea la crisis, en que las diversas fuerzas presentes se anulan entre sí, imposibilitando la solución o salida de la misma. O sea, imposibilitando el continuo proceso de reforma, vital para la "buena salud" del sistema.

El propio Keynes fue uno de esos visionarios que pudo ir más allá del paradigma vigente a inicios del siglo XX. Si bien Keynes creyó que el capitalismo era el único sistema que puede crear prosperidad, también argumentó que el mismo era intrínsecamente inestable y por consecuencia necesitaba de estar sujeto a un proceso continuo de reforma. Pero, para la reforma continua del sistema se necesitan de filósofos, de pensadores, de visionarios, pero no de "economistas- odontólogos".

Lo que necesitamos son creadores de una visión (un filósofo) que puedan formar toda una generación para construir un nuevo mundo y un nuevo orden. O sea, necesitamos de otro Keynes, alguien que pueda ser parte del club de los grandes visionarios (filósofos) económicos como Adam Smith, John Stuart Mill, Karl Marx y Amartya Sen. Parece ser que ahora lo encontramos en Thomas Piketty.

16 Del arte de perder una elección o de ganar una mayoría

(10 de septiembre 2014)

Estamos a punto de entrar en otro período pre-electoral y en el 2015 estaremos de nuevo inmersos en las campañas electorales. Es altura de volver a reflexionar sobre el acto central de todo el proceso: la decisión del voto.

Bajo de un punto de vista teórico, la decisión del voto del elector medio, como afirma Anthony Downs (Downs, A., 1957, An Economic Theory of Democracy), se entiende como el producto de un cálculo racional realizado por el elector individual, hipotéticamente al margen de todo determinismo de tipo estructural y buscando satisfacer al máximo sus intereses.

El elector elegirá su opción guiado por un cálculo de costes y beneficios. Que el cálculo del señor García no sea el mismo de la señorita Laura y que ambos no coincidan con el mío, no significa que mi decisión es mejor y que mi voto es de "calidad". Significa que tenemos expectativas racionales, para usar la terminología de Lucas, diversas. Esto es, paradójicamente, la grande fortaleza del sistema. Esta es la realidad a que los estrategas electorales se deben enfrentar. Sin embargo, en la práctica, el propio acto de votar acaba siendo irracional, porque altamente emocional.

Así siendo, los gurús del marketing electoral, partiendo de posturas analíticas desde perspectivas psicológicas han puesto en duda "el mito del comportamiento racional del elector" señalando que los planteamientos racionales en torno al voto no desempeñan sino un papel secundario.

Tenemos, por lo tanto, dos posturas enfrentadas: de un lado los partidarios de las "expectativas racionales"; del otro la creciente ola de gurús del marketing político, para los cuales el candidato es un "producto" más a colocar en un mercado dado.

Frente a estas dos posturas, me coloco como el tímido mediador entre un pleito de vecinos (y me arriesgo al "moretón" teórico). Me parece que tal como en la vida, lo que debemos activar como método que nos permita extraer de la observación del comportamiento del elector (de los electores) los datos necesarios para crear un plan de campaña eficiente, no puede ser otro que el de buscar huir de todo enfoque demasiado rígido o excluyente.

Veremos, entonces, que los factores estructurales, por un lado, y los planteamientos de racionalidad individual por otro constituyen dos dimensiones que se conjugan siempre, en mayor o menor medida, en la adopción de la decisión individual del voto.

O sea, que el precio de la tortilla, el pago a tempo y en debida forma de los salarios, la expectativa de la jubilación, la seguridad física, la seguridad jurídica, la expectativa de una educación para los hijos, cuentan y son las variables del cálculo de costes y beneficios del votante. Y, que a la hora de la hora son más importantes que la juventud, el perfil fotogénico o el color de la corbata del candidato.

Como decía Bill Clinton, que no acostumbraba perder elecciones: "It's the economy, stupid". Y el votante opta por aquel candidato en que visiona la posibilidad de realizar sus "expectativas racionales".

Pero si bien es verdad que el elector elegirá su opción guiado por un cálculo de costes y beneficios, también lo es que una campaña sólo ganará al elector si diseñar una estrategia basada en otro tipo de costes y beneficios. O sea, debe analizar cuál es el universo "target" (terminología de marketing) a quien debe dirigir sus operadores, sus minutos de publicidad en medios y su programa. Para tal, tiene que huir de una campaña basada en estereotipos y estudiar el mapa electoral para adaptar el mensaje al votante medio, reconociendo su diversidad y sus trazos comunes.

Thomas Frank en un libro célebre "What's the Matter With Kansas?" (¿Qué pasa en Kansas?) y que fue, en su momento, objeto de una columna del Nobel de la Economía Paul Krugman, desarrolló una teoría según la cual los asuntos atinentes a "valores" eran los que determinaban el voto de los norteamericanos de clase trabajadora, haciéndoles votar, contra sus propios intereses, por el Partido republicano. Sin embargo, Bartels, autor de una otra obra importante sobre estas cuestiones electorales ("Unequal Democracy" /Democracia desigual) ha hecho la demostración con sólidos datos duros de que las preposiciones de Frank no eran del todo correctas. O sea, que, si bien es verdad que los norteamericanos que van regularmente a la iglesia tienen más probabilidades de votar republicano, contrariamente al estereotipo, esa relación es débil entre los de bajos ingresos, y fuerte entre los votantes de ingresos elevados. El señor Frank, de hecho, llega a la misma conclusión que Bill Clinton, pero la desarrolla de forma académica: lo que cuenta para el elector es la economía.

Ahora bien, creo que es necesario que alguien (no yo por supuesto que no soy especialista en estos asuntos) haga un análisis del mapa de las elecciones pasadas mexicanas, tanto a nivel federal como estatal y local, y de paso ataque los estereotipos que se han venido construyendo sobre "cómo votan" los rancheros y "cómo votan" los citadinos.

A lo que me refiero es que la organización de la narrativa de los candidatos se ha basado en estereotipos que todo el mundo repite pero que nadie ha testado. De ahí que no exista una diferenciación programática ni, como lo hemos observado, resultados contundentes en las urnas. A lo que me refiero es que no todo el mundo que es dueño de una vaca es conservador ni todos los filósofos son de "Izquierda" y que, por consecuencia, estrategias basadas en esas premisas son grandes ejercicios de despilfarro de dineros públicos para obtener resultados mediocres.

La pregunta que me coloco y que creo que los estrategas de las campañas electorales en puerta se deben colocar es: ¿Importa mucho que el señor candidato X abrace una teoría incorrecta sobre las motivaciones electorales de la clase obrera, o sobre las motivaciones electorales de los empresarios agrícolas?

Desde luego que sí.

Más bien pienso que se deben cuidar de alejar sus campañas de los estereotipos y, por ende, de las trampas mortales adónde llevan esos estereotipos. Atención ni todas las señoras que son católicas son contra los derechos reproductivos y no todas las mujeres votan preferentemente por candidatas mujer. De hecho, vimos, recientemente, tanto a nivel nacional como estatal, como este estereotipo dejó en el tapete a dos candidatas. De la misma manera, no todos los gais son liberales y no todos los hetero son gordos. Y, señores, recuerden: la mayoría de las mujeres mexicanas trabaja fuera del hogar, su principal problema es la conciliación de la vida laboral y de la vida familiar. De manera que: dejen de lado los discursos paternalistas sobre que sabroso les queda la morisqueta y desarrollen propuestas concretas sobre oportunidades de financiamiento, sobre oportunidades de acceso a educación de calidad para sus hijos y sobre la igualdad efectiva de salarios en el mercado de trabajo.

O sea, creo que todas las campañas deben leer, urgentemente el libro del señor Frank, que llama a volver a centrarse en los asuntos económicos para recuperar a la clase de bajos y medianos ingresos, dispersa en todos los cuadrantes, por todos los distritos electorales, en montaña, ciudad y costa, afiliada a todos los tipos de iglesias y que es fanática de clubes deportivos variados. Me refiero al elector promedio.

Finalmente, este grupo con bajos y medianos ingresos es mayoría y son las colonias populares, las nuevas ciudades-dormitorio suburbanas, los ranchitos, las comunidades que hacen la mayoría. Y, por favor, olvídense de lo que opina el intelectual de servicio, en su columna semanal. Esta opinión no se reviste del mínimo interés. El intelectual, de ingresos medio-alto es un ave rara, minoritaria y que además flirtea con el voto en blanco. O sea, es "inútil" en términos de universo-objetivo de las campañas.

18 El Derecho al control de la información personal en la era de la datificación

(30 de septiembre 2014)

Para contrarrestar los riesgos inherentes a la evolución de las estructuras de la Sociedad de la Información y del Conocimiento y, al mismo tiempo, para aprovechar las posibilidades reales de la misma, deben establecerse algunos nuevos principios generales si se desea que los ciudadanos de la Telépolis estén mejor protegidos y tengan mayor (y real) control sobre su entorno.

Dicho control es esencial si los individuos van a ejercitar una responsabilidad efectiva para su propia protección y deben estar mejor preparados para ejercitar apropiadamente la autodeterminación de la información.

Ahora bien, en la era de la datificación (Big Data) ese control no es posible sin la aplicación del principio de encriptación y anonimato reversible (1).

La encriptación de mensajes ofrece protección contra el acceso al contenido de las comunicaciones. La calidad varía al hacerlo según las técnicas y herramientas de encriptación y desencriptación usadas. Hoy en día se encuentran disponibles, a precios razonables, programas de encriptación para su instalación en las computadoras de los usuarios de Internet (protocolos S/MIME u Open PG). En paralelo, dada su ambigüedad, la noción de anonimato debería quizás ser clarificada y, posiblemente, sustituida por otros términos como "pseudoanonimato" o "noidentificable ". Lo que se busca no es siempre el anonimato absoluto, sino la no-identificación funcional del autor de un mensaje enviado a otras personas.

Existen muchos documentos no vinculantes defendiendo el "derecho" al anonimato de los ciudadanos cuando utilizan servicios de nueva tecnología. Por ejemplo, la recomendación núm. R (99) 54 del Comité de Ministros del Consejo de Europa establece que "el acceso y uso anónimo de servicios y medios anónimos de realizar pagos son las mejores protecciones de la privacidad", de ahí la importancia de las técnicas de potenciación de privacidad ya disponibles en el mercado.

Este primer principio referido a la no identificación funcional podría ser expresado como sigue: aquellos que usen técnicas modernas de comunicación deben poder permanecer no identificados por los proveedores de servicios, por otras terceras partes que intervinieran durante la transmisión del mensaje y por el receptor o receptores del mensaje, y deberían tener acceso gratis, o a precios razonables, a los medios de ejercitar esta opción [2]. La disponibilidad de encriptación económica y herramientas y servicios para mantener el anonimato es una condición necesaria para internautas que ejerzan su responsabilidad personal. Sin embargo, el anonimato o la "no identificación funcional" requerida no es absoluta.

O sea, el derecho del ciudadano al anonimato debe ser establecido en oposición a intereses mayores de Estado, el cual podría imponer restricciones si fuesen necesarias "para proteger la seguridad nacional, defensa, seguridad pública, [y para] la prevención, investigación, detección y persecución de delitos", siempre y cuando para tal exista un fundamento normativo reforzado por un mandato judicial.

Lograr un equilibrio entre la monitorización legítima de delitos y la Protección de Datos debería ser posible mediante el uso de "pseudo-identidades" que serían asignadas a individuos mediante proveedores de servicios especializados que podrían ser requeridos para revelar la identidad real de un usuario, pero sólo en determinadas circunstancias y siguiendo procedimientos claramente establecidos por la ley.

Se podrían extraer otras consecuencias de este primer principio: podría incluir la regulación exigida de equipamientos terminales, para prevenir la monitorización de la navegación, para permitir la creación de direcciones efímeras y para la diferenciación de datos de direcciones según qué terceras partes tendrían acceso al dato de tráfico o localización, y para la desaparición de los identificadores únicos globales mediante la introducción de protocolos de direcciones uniformes.

Finalmente, el estatus de "anonimizador [3]", en el que aquellos que lo usan depositan gran confianza, debería estar regulado para ofrecer a los afectados determinadas barreras con respecto al estándar de servicio que proporcionan, a la vez que garantizasen que el Estado posea los medios técnicos para acceder a las telecomunicaciones en circunstancias legalmente definidas.

Este principio tendrá que ser complementado con el principio de beneficios recíprocos.

Donde fuese aplicable, este último principio haría que aquellos que empleen nuevas tecnologías tuviesen la obligación legal de desarrollar su actividad profesional con el fin de aceptar determinados requisitos para restablecer el equilibrio tradicional entre las partes implicadas. La justificación es simple, si la tecnología incrementa la capacidad de acumulación, procesamiento y comunicación de información sobre terceros y facilita las transacciones y operaciones administrativas, es esencial que también esté configurada y empleada para garantizar que los interesados, tanto si son ciudadanos como consumidores, disfruten de un beneficio proporcional de estos avances.

Varias previsiones recientes se han inspirado en el requisito proporcional para obligar a que aquellos que emplean tecnologías tengan que ponerlas a disposición de los usuarios para que puedan hacer valer sus intereses y derechos.

Un ejemplo es la Directiva Europea 2001/31/CE (la Directiva de E-Comercio), que incluye previsiones electrónicas anti-spamming. De forma similar, el artículo 5.3 de la Directiva 2002/58/CE sobre comunicaciones privadas y electrónicas incluye el requisito de que "…el uso de redes de comunicación electrónicas con el fin de almacenar información u obtener acceso a la información almacenada en el equipamiento terminal de un suscriptor o usuario tan sólo está permitido bajo la condición de que al suscriptor o usuario implicado se le haya proporcionado información clara y comprensible (…) y se le ofrezca el derecho a rechazar dicho procesamiento (…)". El derecho de los suscriptores, bajo el artículo 8.1, "a través de medios simples, libres de cargo alguno, eliminar la presentación de identificación de línea telefónica en términos de llamada (…) y en términos de línea" es otra aproximación potencialmente valiosa si el concepto de "línea telefónica" se amplía a diversas aplicaciones de Internet, tales como servicios web y correo electrónico. Esto implica una obligación relacionada del proveedor de servicios hacia los usuarios consistente en ofrecerle las opciones de rechazar o aceptar llamadas no identificadas o prevenir su identificación (artículos 8.2 y 8.3).

Es de resaltar que las legislaciones llamadas "Libertad de Información" introducen un derecho similar de transparencia con respecto al Gobierno mediante la adición de mayor información que este último tiene obligación de suministrar [4].

Además de la importancia de la Ley Federal de Transparencia (LFTAIG; México), un desarrollo bien recibido en el Reino Unido es la introducción reciente de una garantía de servicio público en el manejo de datos. Recientemente, una comisión sueca [5]ha recomendado una legislación que daría derechos a los ciudadanos para monitorizar sus casos electrónicamente de inicio a fin, incluyendo su archivo, y obligaría a las autoridades a adoptar una buena estructura de acceso pública, para facilitar a los individuos la identificación y localización de documentos específicos. Existe incluso un borrador de legislación que haría posible, de un modo u otro, enlazar cualquier documento oficial en el que se basasen las decisiones a otros documentos del caso.

En otras palabras, un servicio público que se ha tornado más eficiente gracias a las nuevas tecnologías debe ser también más transparente y accesible para los ciudadanos. El derecho de acceso de los ciudadanos se extiende más allá de los documentos que les conciernen directamente para incluir las normativas sobre las que se basó la decisión.

Es incluso posible imaginarse que determinados derechos asociados a la Protección de Datos, como el Derecho a la Información, los derechos de acceso y rectificación y el derecho a la reclamación, podrían ser de obligado cumplimiento electrónicamente. Se podrían proponer muchas aplicaciones:

1.-Debería ser posible aplicar el Derecho a la Información de los interesados en cualquier momento mediante un simple clic (o de forma más generalizada mediante una acción electrónica e inmediata) ofreciendo el acceso a la política de privacidad, que debería ser tan detallada y completa como permita el menor coste de la propagación electrónica. Dicho paso debe ser anónimo con respecto al servidor de la página, para evitar así cualquier riesgo de creación de archivos sobre usuarios "preocupados por la privacidad". Además, en el caso de páginas a las que se han otorgado etiquetas de calidad, debería ser obligatorio que proporcionasen un hiper enlace desde el símbolo de la etiqueta hacia el organismo que le ha otorgado la etiqueta. Lo mismo sería aplicable a la declaración del controlador del archivo hacia la autoridad supervisora. Se instalaría un hiperenlace entre una página ineludible de cualquier sitio web con procesamiento de datos personales y la autoridad supervisora relevante. Finalmente, se podría prestar atención a la señalización automática de cualquier página localizada en un país que ofreciese una protección inadecuada.

2.-En el futuro, los interesados deberían poder ejercitar su derecho de acceso empleando una firma electrónica. Sería obligatorio estructurar los archivos para que el derecho de acceso fuese de fácil aplicación. La información adicional debería estar sistemáticamente disponible, como el origen de los documentos y un listado de los interesados a los que se les habría suministrado determinados datos. De forma incremental, los datos personales acumulados por un gran número de público y de redes privadas no se guardan con uno o más propósitos claramente definidos, sino que se almacenan en la red para usos posteriores que sólo emergen según surgen nuevas oportunidades de procesamiento o necesidades no identificadas previamente. En tales circunstancias, los interesados deben poder tener acceso a la documentación que describen los flujos de datos en la red, los datos concernientes y los diversos usuarios –un tipo de registro de datos

3.-Debería ser posible ejercitar en línea los derechos de rectificación y/o impugnación a una autoridad con un estatus claramente definido responsable de mantener o considerar un listado de quejas.

4.-El derecho a la reclamación debería también beneficiarse de la posibilidad de derivación en línea, intercambio de solicitudes de las partes y otras documentaciones, decisiones y proposiciones de mediación.

5.-Finalmente, cuando los individuos interesados deseen apelar las decisiones tomadas automáticamente o notificar mediante una red (como el rechazo a otorgar un permiso de construcción tras un llamado procedimiento E gubernamental), deberían tener Derecho a la Información, mediante el mismo canal, sobre la lógica subyacente en la decisión. Por ejemplo, en el sector público los ciudadanos deberían tener el derecho a probar de forma anónima cualquier paquete de toma de decisiones o sistemas expertos que pudiesen utilizar. Esto se podría aplicar a los programas para el cálculo automático de impuestos o derechos a subsidios para la rehabilitación de viviendas.

Notas:

[1] LFTAIPG, México, http://www.ifai.org

[2] Véase también el informe de la comisión sueca de. SEIPEL, P.: Law and Information Technology: Swedish Views. Swedish Government Official Reports, SOU. Pág. 112, 2000

[3] Véase el Sistema del SAT con la CIEC y la Firma Electrónica Avanzada

[4] SEIPEL, P.: "Information System Quality as a Legal Concern". En: U. GASSER (ed.). Information Quality Regulation: Foundations, Perspectives and Applications. Nomos Verlagsgesellschaft. Pág. 248., 2004

[5] Ver la recomendación de la comisión de procesamiento de datos nacionales franceses que el acceso a páginas comerciales debería ser siempre posible sin identificación previa: GEORGES, M.: "Relevons les défis de la protection des données à caractère personnel: l'Internet et la CNIL". En: Commerce électronique-Marketing et vie privée. París. Pág. 71 y 72.2002

19 Estado, poder y el monopolio de la violencia

(03 de octubre 2014)

Los últimos meses nos han colocado en un vórtice en que, en el plan internacional hemos asistido a violaciones sistemáticas de los grandes consensos refrendados por tratados, y que en el plan interno hemos asistido a la paulatina erosión de los paradigmas rectores de la legitimidad del estado, ruptura introducida por la impunidad de comportamientos y acciones, a todas las luces delictivas, propiciada o por la omisión de las autoridades o por la corrupción de las instituciones.

Me parece, en consecuencia, urgente hacer una breve reflexión sobre el estado, el poder y el monopolio de la violencia, para que, de forma clara, límpida coloquemos las cosas en su debido lugar y, no pueda existir confusión entre lo que es la coacción legítima y lo que se acerca o, definitivamente, pude ser tipificado como inaceptable en un estado democrático   moderno.

A partir de la primera mitad del siglo XX, la política se define en términos de poder. En realidad, la consideración del poder como objeto central de una Teoría de la Ciencia Política y del Estado hunde sus raíces en el pensamiento griego clásico [1] y continuó siendo el tema de atención preferente a lo largo de la historia (como prueban las aportaciones de Maquiavelo [2], Hobbes [3], Montesquieu [4] o Weber).

Pero el poder no es fácil de conceptuar. Una clasificación muy citada distingue dos sentidos:

1.- El poder como resultado de una relación entre dos sujetos en virtud de la cual uno impone a otro su voluntad y obtiene un comportamiento que no surgiría espontáneamente.

2.- El poder definido en función de los recursos disponibles, es decir, se tiene poder cuando se dispone de medios, ya sean económicos, ideológicos o de otra naturaleza

Estas dos dimensiones del poder no son fáciles de discernir en la práctica y tampoco son excluyentes sino complementarias.

Según Max Weber [5], por Estado debe entenderse una organización institucional que posee el "monopolio de la coacción física legítima" [6]. Según este concepto, el monopolio de la violencia sería el rasgo identificador del Estado.

Ahora bien, el dominio de los Estados no sólo se basa en la coacción sino en la coacción legítima, es decir, en el consentimiento de los ciudadanos.

Max Weber [7] distingue tres modelos ideales de legitimidad que repercuten en la forma de obediencia:

1.- La legitimidad tradicional: fundamentada en la costumbre

2.- La legitimidad carismática: que radica en las cualidades ejemplares de una persona.

3.-La legitimidad legal-racional, la más corriente, se basa en la creencia en la legalidad, es decir, en la sumisión a las normas y al Derecho.

En consecuencia, la coacción legítima es la que se ejerce conforme a lo establecido en la ley.

Es importante resaltar este elemento definidor de la coacción legítima: esta tiene que ser ejercida de acuerdo a lo establecido en la ley y, en el siglo XXI, de acuerdo al paradigma establecido en el Derecho Internacional de los Derechos Humanos (DIDH).

O sea, en ningún momento, en ninguna circunstancia ejecuciones sumarias, desapariciones forzadas, represión violenta de la manifestación de opiniones políticas, genocidio, tortura, uso de fuerza mortal sobre individuos desarmados, etc., puede ser considerado como "coacción legítima". Al revés, este tipo de acciones recaen dentro de la tipología de crímenes graves y algunas de ellas dentro de la definición de crímenes contra la humanidad.

Junto al monopolio de la violencia [8] y a la legitimidad en que ésta se apoya, un tercer rasgo identificador del Estado estriba en que ese monopolio legítimo de la coacción es ostentado por una organización de carácter institucional. Nunca por milicias o por grupos de particulares (vigilantes) o por organizaciones paramilitares o por grupos policiacos cuyos elementos no obedecen a los protocolos de intervención y a la cadena de mando.

El proceso de institucionalización del poder significa [9], por una parte, que la coerción no se ejerce arbitrariamente sino de acuerdo con las leyes.

Por otra parte, la institucionalización se opone a la personalización del poder. Aunque el poder es ejercido por personas, éstas no actúan en nombre propio sino como representantes de una entidad abstracta. La despersonalización del poder permite, pues, la continuidad del Estado y de sus políticas, al margen de que sus representantes cambien, pero también impide que el individuo detentor de una investidura pública confunda el ejercicio legítimo de funciones definidas constitucionalmente con "lo que le parece ser necesario" o con su interés personal o de grupo.

Así, para Max Weber, los Estados más evolucionados son los que se asientan en la legitimidad legal-racional, principio que es recogido en la mayor parte de las constituciones modernas. La institucionalización del poder conduce a que las relaciones y las actividades políticas sean realizadas por órganos específicos a los que se les atribuyen funciones concretas de acuerdo con normas; así, el ámbito político tiende a diferenciarse de otros ámbitos. Por el contrario, la mezcla de las actividades políticas con actividades de naturaleza religiosa o económica es más intensa en los Estados con una institucionalización precaria del poder.

O sea, en la ausencia de la implementación del principio de la legitimidad legal-racional y cuando este principio es sustituido por la arbitrariedad, entonces estaremos en presencia de un estado fallido que no cumple con su función primera: la de asegurar la seguridad de sus ciudadanos, entendida esta no sólo como seguridad jurídica directa, sino también como garante de la protección de los derechos fundamentales.

Desde estos planteamientos la organización burocrática [10] constituye el instrumento característico del éxito del Estado en la época moderna. Los rasgos de la burocracia (entre otros, la selección de los funcionarios de acuerdo con la cualificación profesional y no por razones clientelares o por privilegios hereditarios, o el sometimiento de sus actividades a reglamentos) permiten a los ciudadanos anticipar el ejercicio del poder frente a la inseguridad generada por un poder arbitrario.

Por tanto, el elemento tipificador del Estado es la coacción legítima, instrumento que le permite imponer decisiones colectivas. No, la violencia arbitraria y sin consecuencias legales contra sus ciudadanos y no ciudadanos que habitan en el territorio soberano del estado. En consecuencia, entre los conceptos de poder, política y estado sí bien existe un claro paralelismo, sus relaciones no pueden ser otras que lo que jurídicamente es aceptable.

Notas:

[1] PLATÓN y su obra "La República" y ARISTÓTELES y el "ATHENAION POLITEIA" son referencias obligatorias

[2] MAQUIEVALO, Nicolás: A) Discurso sobre la corte de Pisa, 1499; B) Retrato de la corte de Alemania, 1508-1512; C) Retrato de la corte de Francia, 1510 D) Discursos sobre la primera década de Tito Livio, 3 volúmenes, 1512-1517; E) El Príncipe, 1513

[3]VíTALE, Ermano: "Hobbes y la Teoría del Estado moderno", en ISEGORÍA, Revista de Filosofía Moral y Política N.º 36, enero-junio, 2007, 105-124

[4] Un interesante estudio sobre la influencia de MONTESQUIEU sobre la visión de Estado de los Founder Fathers aparece en el artículo de JAMES, F. Jones: "Montesquieu and Jefferson Revisited: Aspects of a Legacy", The French Review, Vol. 51, No. 4, Fiftieth Anniversary Issue (Mar., 1978), pp. 577-585

[5] A este propósito ver la obra póstuma "Economía y Sociedad" y "La Política como vocación", estudio publicado conjuntamente con la lección " La Ciencia como vocación"

[6] POULANTZAS, Nikos. Pouvoir Politique et Classes Sociales del Capitalisme. Trad. al español de F. Torner, ed. Siglo XXI, México, 1997

[7] Un buen punto de partida para el análisis de la obra de WEBER es la lectura de MANN que debe situarse en el renovado interés por la génesis del Estado-nación que se constituyó en las últimas dos décadas como una de las preocupaciones centrales de la política comparada y de la sociología histórica anglosajona. Desde diversas perspectivas y enfoques, MARX y WEBER fueron reinterpretados y sus tradiciones teórico-metodológicas cuestionadas con el objeto de repensar las relaciones entre Estado y sociedad civil, entre capitalismo y democracia, entre el poder y las clases sociales, o entre la autonomía estatal y la capacidad de dominación político-territorial. Así, en los años 80, autores como GIDDENS; EVANS/ RUESCHEMEYER/ SKOCPOL; el propio MANN; o MIGDAl, entre otros, ofrecieron espléndidos trabajos referidos a esas cuestiones en los cuales sugirieron numerosas claves teóricas y empíricas para discutir desde las tradiciones marxista y weberiana las transformaciones del Estado y de la sociedad en el capitalismo.

[8]BOURDIEU, Pierre. "Sobre el poder simbólico", en Intelectuales, política y poder, traducción de Alicia Gutiérrez, Buenos Aires, UBA/ Eudeba, 2000, pp. 65-73.

[9] MANN, Michael:" El poder autónomo del Estado: sus orígenes, mecanismos y resultados." en Revista Académica de Relaciones Internacionales, Núm. 5 noviembre de 2006, UAM-AEDRI

[10] WEBER es conocido por su estudio de la burocratización de la sociedad, de los modos racionales en los que las organizaciones sociales aplican las características de un tipo ideal de burocracia. Muchos aspectos de la administración pública moderna vuelven a él, y un servicio civil clásico y organizado jerárquicamente del tipo continental es denominado servicio civil weberiano, aunque esto es sólo un tipo ideal de administración pública y gobierno descrito en su obra magna Economía y sociedad. En su trabajo, WEBER hace una descripción, que se ha vuelto famosa, de la racionalización (de la que la burocratización es una parte) como un cambio desde una organización y acción orientada a valores (autoridad tradicional y autoridad carismática) a una organización y acción

orientada a objetivos (autoridad racional-legal). El resultado, de acuerdo a WEBER, es una noche polar de oscuridad helada, en la que la racionalización creciente de la vida humana atrapa a los individuos en una jaula de hierro de control racional, basado en reglas. Los estudios sobre la burocracia de WEBER le condujeron también a su análisis – correcto, pues resultaría así – de que el socialismo en Rusia llevaría, debido a la abolición del mercado libre y sus mecanismos, a una sobre burocratización (evidente, por ejemplo, en la economía de la escasez) más que a un alejamiento fulminante del estado (como Karl MARX había predicho que sucedería en una sociedad comunista).

Teresa Maria Geraldes Da Cunha Lopes

20 "Es la economía, estúpido"

(27 de octubre 2014)

Yo siempre he pensado en términos neo keynesianos, aun cuando a veces haya usado descripciones abreviadas que pueden malinterpretarse si se sacan de contexto; lo mismo podría decirse de muchos otros analistas políticos y economistas.

O sea, pienso que no es la producción la que determina la demanda sino la demanda la que determina la producción (Keynes, Teoría general sobre el empleo el interés y el dinero, caps. 1 y s.). Esto porque los empresarios -o quienes intentan serlo- invierten sobre la base de una percepción central: la diferencia entre la tasa de interés y la tasa de ganancia; a la mayor diferencia en favor de la última, lo más posible es que se invierta.

Sin embargo, como el ahorro y la inversión no siempre están en equilibrio, al Estado le corresponde actuar para asegurar el nivel de inversión necesario para multiplicar la actividad económica y garantizar el pleno empleo. Ahora bien, es precisamente esto lo que el estado no está haciendo. Todo lo contrario.

En términos prácticos, y para contrarrestar la espiral negativa de los últimos años -y para contrarrestar el momento de estancamiento económico- el Estado tiene la obligación de estimular la demanda con mayores gastos económicos. O sea, con inversión en infraestructura y gasto público.

Ahora bien, mucha de la infraestructura está en bastante mal estado, es antigua o simplemente no existe. Algunos claros ejemplos: el hecho de que continuamos teniendo escuelas de "palitos", centros de salud decrépitos, puentes que se caen a las primeras lluvias, carreteras de terracería, y la mayor colección de baches de todo el hemisferio norte concentrada en Morelia. Cuando se combinan estos hechos con la situación macroeconómica subyacente (hablaré de esto otro día, en otra columna), parecen evidentes las razones para gastar sumas considerables en reparaciones y obra pública.

Esperaríamos, entonces, que se anunciara un ambicioso plan de recuperación económico y que este estuviera plasmado en la propuesta presupuestal anual enviada al legislativo. Pero la reciente propuesta de poner en marcha lo que en realidad es un pequeño plan de recuperación económica (minimalista, es una descripción diplomática) parece no ir a ninguna parte, por culpa: a) de la lucha sobre el modo de costearlo, b) de no pasar de retórica alegre "difusa" y; c) de no se anclar en ninguna escuela de pensamiento económico seria ni en ninguna visión de desarrollo reconocible.

Lo que me lleva de vuelta a algo que empecé a decir allá por 2011, en una de las primeras columnas sobre la crisis de la deuda de los estados, y que sigue siendo cierto: cuando uno está en una trampa de liquidez, la virtud se convierte en vicio y la prudencia en locura. Preguntarse cómo pagaremos las infraestructuras puede parecer prudente, pero en realidad es una soberana estupidez.

Piensen en ello: ¿cuáles serían los verdaderos costes de reparar las carreteras? No habría que desviar fondos de otras inversiones ni de otros rubros de financiamiento ya presupuestados. Ese dinero no tiene adónde ir y los mercados están casi suplicando que el Gobierno federal tome capital prestado y lo invierta en algo, por ejemplo, en infraestructura para los estados.

Tampoco habría que desviar mano de obra de otras labores: el paro sigue siendo alto entre los trabajadores de la construcción. Y Dios sabe, que el sector de la construcción es, por sí sólo, el sector que mantiene funcionando la economía y alimentadas a centenas de millar de familias michoacanas.

Así que es tremendamente irresponsable no gastar ese dinero, y estúpido preocuparse por la financiación.

Está claro, sin embargo, que no hemos aprendido nada tras más de una década sufriendo la economía de la depresión en que las administraciones anteriores nos ubicaron, economía de depresión ha pasado a recesión y que se ha transformado en el paradigma vigente de la actual.

Vale, admito que estoy desconcertada.

He visto a una serie de personas "vendiéndonos" informes y discursos sobre cómo generan empleos, seguridad y paz como si presentasen una especie de forma radicalmente nueva de contemplar la economía. Y es un buen esfuerzo mediático (hay que reconocerlo), mucha labia, mucho orador, mucha foto, mucho spin político, cambios de imagen, etc., etc. Pero, al final del día nada. Es sólo un esfuerzo mediático.

Las viejas "tradiciones" de jinetear los rubros asignados y las malas costumbres del sub-ejercicio presupuestal y de la sobre exposición a la corrupción no se han movido un centímetro. Y, claro que cuando estos métodos de asaltante de cuello blanco y de vividor del presupuesto se tornan demasiado visibles, y la ciudadanía empieza a agitarse, nunca falta echar a andar la táctica del "último recurso". O sea, integrar el discurso que culpabiliza a los trabajadores de la crisis del endeudamiento y de las malas prácticas administrativas, iniciando por el ataque a los sindicalizados y acabando en el apelo a los "recortes laborales", a todos los comunicados de prensa y a todas las "filtraciones" de información, orquestadas desde el poder, en las vísperas de voto presupuestal en el congreso.

Culpar a los trabajadores es una reacción del instinto de predador clasista de la actual clase "dirigente". Los trabajadores (y la ciudadanía, en general), en la actual visión estrecha de quien nos gobierna, tienen un defecto estructural notorio: no son robots, o sea no pueden ser desconectados y almacenados hasta el momento del ejercicio ritual del voto, y además tienen una boca que abren no sólo para comer, sino también para criticar. Pero seamos sinceros, el deterioro social, ambiental, financiero, hace hervir la sangre del más portado y, como tal es imposible no criticar y no les enviar el mensaje, que Clinton envió a Bush en el 1992: "es la economía, estúpido".

21 Cosas que dan mucho miedo

(4 de noviembre 2014)

Hace un año, cuando empezaban a percibirse los primeros signos de la actual crisis de seguridad, yo insinué que esta crisis, diferente de las anteriores, aunque similar a primera vista, no acabaría rápidamente. También afirmé, en enero del presente año, que el recurso a las autodefensas era una "solución imperfecta" que, en la realidad, debería ser llamada la "solución pragmática", pero que en todo caso no podría ser permanente.

Solución política que crearía contextos volátiles, explosivos y cuyos procesos son lentos, llenos de riesgos y muy complejos, tanto más que los Estados democráticos y de derecho tienen una complejidad arquitectural y constitucional que obligan a que todas las acciones se enmarquen en el respeto absoluto de los derechos humanos.

Dejé plasmado, entonces en una columna de opinión que si los actores locales- políticos, sociales y económicos – querían que funcionara realmente era obligatorio manifestar una voluntad política de hacer las cosas de manera diversa, con actores diferentes, con comportamientos políticos nuevos y con controles anti-corrupción eficientes.

Y no lo han hecho.

Ahora bien, seamos duros, concretos y directos. La grande debilidad contra el narcoterrorismo se centra en dos errores: a) no aceptar que se trata de un contexto en que el crimen organizado ha pasado a una fase de ataque directo al estado y a sus instituciones, con el objetivo de apoderarse del estado ; b) no atacar de raíz la corrupción y el lavado de dinero, depurando el sistema bancario que se ha transformado en un basurero nacional y eliminando los canales de los aparatos políticos estatales y locales que permiten desviar los recursos financieros del estado para el crimen organizado .

Algunos, me harán el favor de comentar que, en los últimos años, grandes bancos pagaron multas elevadas por lavar dinero de los narcos (también lo hacen con las enormes masas de capital que mueven el tráfico de armas o la evasión impositiva) y que, por lo tanto, existe un error en mi argumentación. Observaré, en primer lugar, que las multas anuncian la tendencia a la legalización: en vez de perseguir penalmente a los operadores financieros y a los bancos lavadores, se les cobran impuestos. Y, en segundo lugar, que la legislación anti-corrupción continua en debate en la Cámara y no ha sido aprobada.

La buena noticia, supongo, es que hemos experimentado un deterioro a cámara lenta, por así decirlo. O, por lo menos, tal parecía ser real, hasta que la masacre de Iguala y la ineficiencia de la respuesta institucional, hizo caer la simulación de una estrategia de seguridad que iba acompañada de un ambicioso plan de reformas políticas y económicas.

Ahora nos damos cuenta, no solamente que caminamos sobre un grande cementerio de las víctimas anónimas de la narco guerra, pero que, además, el terreno está minado en términos económicos. La forma paulatina en que se ha desarrollado la crisis de seguridad, ha dado pie a una profunda crisis económica. Que una no existe sin la otra. Que la primera produce la segunda y viceversa.

Sobre este punto, pienso que existe un debate sin sentido sobre si lo que estamos sufriendo merece realmente llamarse recesión o no. Lo que estamos viviendo, es mucho más grave que una simple recesión económica. Es el resultado del impacto económico de una crisis lenta de seguridad que ha causado enormes daños porque dura desde hace más de una década y, que entró en un contexto de competencia directa con el estado y de asalto a sus instituciones desde el 2006.

En un reciente informe para el BID, "Las consecuencias económicas de la violencia del narcotráfico en México" de la autoría de Gustavo Robles, Gabriela Calderón y Beatriz Magaloni, se calcula que el impacto económico en México a causa de la violencia es de aproximadamente 12% del PIB. Brutal.

No sólo por los datos duros, sino también por la prueba de una situación real sobre el terreno que se retroalimenta como una serpiente que perpetuamente come su propia cola. Tal como lo enuncian los autores del informe del BID, la crisis de la inseguridad coincidió, a partir del 2006, con otros dos fenómenos que afectaron al PIB: la crisis financiera mundial y la influenza por el virus AH1N1 y, por ende, "si bien la violencia tiene efectos negativos sobre la actividad económica y el desempleo, un desempeño económico deficiente o poco equitativo puede ser generador de violencia".

El problema es el miedo: la financiación del sector privado se ha agotado porque los inversores, quemados por la inseguridad en zonas que supuestamente eran seguras, se muestran ahora reacios a comprar nada que se encuentre en el "triángulo de las Bermudas" en que se transformaron algunas entidades federativas. Desaparece gente, desaparece presupuesto, desaparecen activos, desaparecen obras.

Como consecuencia se instala como una variable paralela a los otros indicadores económicos, el "factor miedo".

Tal como lo afirma José Torra, responsable de la investigación para México del índice de Libertad Económica de Norteamérica del Fraser Institute.

"Indudablemente en los últimos años, los dos últimos, sobre todo, se ha observado un mayor acercamiento -de inversionistas- generado por el gobierno, al dar ciertos beneficios. Pero en la economía real también se debe buscar lo que no se ve y la insuficiente inversión privada evidencia la mala percepción de confianza que tienen las grandes empresas".

¿Qué puede hacer la política?

Banxico prácticamente ha agotado su munición: nadie cree que unos nuevos recortes de los tipos de interés sirvan para mucho. Y nada puede o debería hacerse para sostener el precio de las viviendas, que sigue estando demasiado alto después de ajustar la inflación. Los Pinos tampoco puede esperar, ni es realista hacerlo, que el sector público cargue con el muerto, en especial cuando instituciones semipúblicas también tienen problemas.

Sin embargo, es recomendable establecer otro conjunto de estímulos fiscales más serios, como modo de sostener el empleo mientras los mercados superan los efectos secundarios de los baches de la coyuntura mundial y, en el plan interno, de la coyuntura de seguridad. El "plan económico", si así lo podemos llamar a los proyectos de ley de Ingresos y de ley de egresos para el 2015, no es más que un paso mínimo en la dirección previsible de un ejecutivo que tuvo la voluntad de cambiar de rumbo, pero al cual, las "fosas de Iguala" van obligar a hacer una política económica que equivale principalmente a "mantener el rumbo".

Pero, "mantener el rumbo", es precisamente una de esas cosas que dan mucho miedo. El "status quo" actual no es solamente insostenible económicamente, también es humanamente indignante.

22 "Es mucho más difícil matar a un fantasma que una realidad"

(25 de noviembre 2014)

Virginia Woolf, grande escritora británica, dijo un día que "es mucho más difícil matar a un fantasma que a una realidad".

Esto es algo que en estos momentos está descubriendo el gobierno mexicano con el caso de los 43 normalistas, que ya se ha transformado en el mito de la refundación de México, en el símbolo de regeneración nacional.

No, no es tan fácil montar una operación para matar a un mito, matar a un fantasma, matar a un símbolo que ha transcendido para allá de toda realidad, porque este se ha convertido en una ilusión, un anhelo colectivo. Lo queramos o no, manipulado o no por una agenda política, el caso de los 43 es ya un momento definidor de la historia nacional.

Si a esto se le suma una conspicua negligencia (o una guerra interna) dentro del gobierno y sus mecanismos fallidos, tenemos un caso que resulta a lo menos dudoso.

Tan dudoso, que la(s) versión(es) oficiales y, también algunas de las narrativas no gubernamentales tienen la naturaleza de un trémulo bisturí que busca porfiado penetrar nuestro cerebro para realizar una lobotomía. Sería más fácil, más eficiente y más justo para la nación atacar la realidad. O sea, atacar de frente las estructuras de los narco-estados que se apropiaron de algunas entidades federativas.

Porque, si bien difícil y dolorosa, esa vía es la única que puede fructificar. La única que, además, es políticamente viable. Y, tal como lo dijo Virginia Woolf, arriba citada, es más factible atacar la realidad que atacar un fantasma. Yo diría: es más urgente atacar a la realidad que agotar las fuerzas en la destrucción de un símbolo.

Símbolos, que por otro lado son fundamentales para cimentar los cambios y unir a las naciones en una visión consensada de futuro. Por otro lado, hay que enfatizar la inanidad de la narrativa sobre los peligros de la simbología de los #43ayotzinapa, del discurso del "complot" y del "peligro del vacío de poder" y de la "violencia de la calle".

Por esta vez única, es altura de ser Sancho Panza y no emuladores del Quijote. Estos peligros sólo son molinos de viento que una enorme maquinaria informativa nos intenta vender como un "enemigo" indefinido e inaccesible. No nos dejemos engañar. Por delante tenemos un futuro que es nuestro y que nadie nos puede arrebatar.

23 "Estados en crisis, presupuestos y Universidades públicas"

(08 de diciembre 2014)

"La educación es una mejor salvaguarda para la libertad que cualquier ejército armado." Edward Everett.

Si hubiese que explicar el éxito económico de los países a nivel mundial y su posicionamiento en el índice de desarrollo del PNUD con una palabra, esa palabra sería educación. Si hubiese que explicar los altos índices de marginación, de inseguridad y el estancamiento económico de nuestro estado, esa palabra sería educación. Pero, en el siglo XXI, este no es solamente un problema de educación básica, es, en grande medida un problema de educación superior y de educación profesionalizante.

En el siglo XIX, Francia, Inglaterra, Alemania y EE UU iban por delante en educación básica universal. Luego, a medida que otros países seguían el ejemplo, la revolución de la educación secundaria de principios del siglo

XX nos llevó a otro nivel completamente nuevo y vimos como el Japón saltó al grupo de vanguardia. Y en los años posteriores a la II Guerra Mundial, los países de Europa occidental y las dos grandes potencias de la Guerra Fría – EE. UU y la antigua Unión Soviética- afianzaron su posición destacada en la educación superior. Después de la década de los sesenta, los tigres asiáticos (en particular Corea del Sur, Singapur, Japón y China) masifican su sistema educativo y alcanzan niveles de egresados de la Educación Superior, más altos o iguales a los de Europa occidental..

El desarrollo de la educación significó, primordialmente, el desarrollo de la educación pública; y durante los últimos 30 años, en la escena política mundial ha estado dominada por la opinión de que todo gasto gubernamental en educación es una inversión fundamental de los contribuyentes para el desarrollo de las naciones. México ha tenido tres momentos en que intentó (y parcialmente lo consiguió) fortalecer su sistema educativo: con Vasconcelos el sub-sistema básico, en los sesenta con el encuadramiento macroeconómico del Programa de Desarrollo Estabilizador una tentativa fracasada de educación profesionalizante, y, en particular para el sub-sistema de la Educación Superior , a partir de los noventa con los programas federales de fortalecimiento de la capacidad académica de los recursos humanos y de la competitividad académica de los programas , PROMEP y PIFI .

Sin embargo, cuando el discurso se invierte y los recortes entran a la narrativa política y se plasman en los presupuestos anuales, entonces, la educación (y la calidad en la educación), como uno de los principales componentes del gasto público, se ha resentido inevitablemente.

Lo hemos visto, lo hemos resentido, lo hemos vivido. Hemos sido testigos de la lenta y paulatina erosión del sistema educativo, en sus diversos niveles.

Lo que no tiene ningún misterio: la educación es, principalmente, una responsabilidad del Estado y de los Gobiernos locales, que se encuentran en una situación fiscal precaria. Una ayuda federal adecuada podría haber supuesto una gran diferencia. Pero, aunque se ha proporcionado algo de ayuda, esta sólo ha cubierto una pequeña parte del déficit operativo de los subsistemas.

En particular, las grandes olvidadas y sacrificadas, han sido las universidades públicas. Eso se debe en parte a que, cada año, allá por el último trimestre, los legisladores insisten en eliminar parte de esa ayuda, recortando alegremente, en términos reales el presupuesto de las universidades y no contemplando en los mismos los rubros necesarios para los rescates financieros de las instituciones de educación superior y la re-ingeniería de sus pasivos actuariales. O sea, colocan a las universidades públicas a la merced, cada final de año fiscal del otorgamiento (o no) de "recursos extraordinarios" y en la incertidumbre sobre la capacidad financiera operativa para el siguiente año.

Como consecuencia de ello, la calidad de la educación superior se ha convertido en picadillo, la infraestructura en obsoleta, las condiciones de trabajo se han deteriorado y la población demandante de servicios educativos no encuentra dónde integrarse a los (pocos y no adaptados a las nuevas condiciones del mercado laboral) programas ofertados.

Que los profesores no basificados enfrentan el despido, o que los profesores con base tienen que asegurar una mayor cuota de clases frente al grupo, disminuyendo el tiempo dedicado a la investigación, es sólo una parte de la historia.

Todavía más grave es la forma en que estamos cerrando oportunidades a las nuevas generaciones. Así observamos el despilfarro de nuevos talentos, recursos humanos súper capacitados, con grados de maestría y de doctorado, cuyo financiamiento estuvo a cargo del erario público a través de becas y que no encuentran la puerta abierta en nuestras instituciones para se integren a ellas como investigadores y docentes.

Otro ejemplo de la falta de oportunidades, la grave situación de los estudiantes de clase media y de pocos recursos. Durante generaciones, los estudiantes con talento procedentes de familias con pocos recursos han sido usuarios de becas en primaria, secundaria y prepa, como trampolín para las universidades públicas estatales. Pero ante la crisis presupuestaria de los Estados, estas universidades se han visto obligadas a cerrar las puertas a los posibles estudiantes que iban a pasar por ellas, introduciendo cuotas (numerus clausus) que no satisfacen la demanda de matrícula y que colocan un muro intransponible para aquellos que no pueden salir de su ciudad ni de su estado para estudiar en otros lugares de la república, por falta de recursos y de becas adecuadas para la educación superior.

Una consecuencia, casi con seguridad, será el perjuicio de por vida para las perspectivas de muchos estudiantes. Otra, será un enorme e injustificado desperdicio de capacidades humanas para la Nación.

Sospecho que la mayoría de la gente todavía tiene en la cabeza esa imagen de la UNAM como modelo de un México, "gran tierra de la educación universitaria", en la medida en que la enseñanza superior pública se ofrece a la población en general. Antes esa imagen se correspondía con la realidad. Pero hoy día, los jóvenes mexicanos tienen unas probabilidades considerablemente menores de licenciarse en la Universidad que los jóvenes de muchos otros países. De hecho, tenemos una tasa de licenciados universitarios que está ligeramente por debajo de la media de todas las economías desarrolladas, en particular de nuestros pares de la OCDE. Y la UNAM ha bajado en los últimos tres años diversos escalones en la lista de las mejores universidades del mundo, sin que otras universidades públicas mexicanas hayan entrado al ranking internacional.

Incluso sin las consecuencias de la crisis actual, habría motivos más que suficientes para esperar que bajásemos todavía más en esa clasificación, aunque sólo sea por lo difícil que les resulta a quienes disponen de recursos económicos limitados el seguir estudiando.

En México, con su débil colchón de seguridad social y su escasez de becas, es más probable que los estudiantes trabajen a tiempo parcial mientras asisten a clase que sus homólogos, por ejemplo, finlandeses, franceses o alemanes. Esto, como es obvio, tiene profundas (y negativas) consecuencias sobre la competitividad académica.

Así, no es de extrañar, teniendo en cuenta las enormes presiones económicas a que están sujetos, que los jóvenes mexicanos también tengan menos probabilidades de permanecer en la facultad, y más probabilidades de convertirse en trabajadores a "tiempo completo" informales en vez de estudiar. Las tasas de deserción escolar de las Universidades, son asustadoras. ¿Cómo corregir estas situaciones? Aumentando el presupuesto para las universidades públicas estatales.

No sólo, el gasto público en educación es una inversión en nuestro futuro, si no que más allá de eso, tenemos que despertarnos y darnos cuenta de que una de las claves del éxito histórico de muchos países (incluyendo el nuestro) es ahora un activo que se deprecia con el tiempo. La demostración de que es un activo de magna importancia en el desarrollo económico y en el fortalecimiento del mercado laboral, no ofrece dudas a nadie.

Con diferencias significativas entre países, de acuerdo con sus condiciones económicas y de desarrollo, la evidencia presentada por el último informe de la OCDE ("Education at Glance 2014) es "que las personas que cuentan con educación terciaria (universitaria) tienen más probabilidades de encontrar un empleo y que éste sea de tiempo completo, que aquellos sin ese nivel de instrucción. Por ejemplo, en los países de la OCDE, en promedio, la tasa de desempleo es casi tres veces mayor entre los de menor nivel de instrucción. En el caso específico de México, el desempleo de personas con educación superior muestra una recuperación en los datos del 2012 respecto del 2010".

Pero este no es el único elemento que nos debe alertar para la defensa del incremento del rubro de gasto público del Estado en la Educación Superior. Otro dato relevante es el efecto de la educación superior en relación con el género. Esta se convierte en un factor que contribuye a la disminución, que no desaparición, del efecto discriminatorio de género en términos de empleo.

Sin embargo, continuamos a escuchar el discurso político, plasmado en el voto con tijeras de nuestros legisladores, "argumentando" e introduciendo recortes presupuestales para las Universidades. Se olvidan que la educación, en particular la educación superior, es uno de esos sectores que deberían seguir creciendo incluso durante una recesión. Las Universidades públicas deberían tener presupuestos adecuados, en que se deben reflejar su grado de regionalización y sus indicadores de calidad académica.

Puede que los mercados tengan problemas y que existan problemas presupuestales, pero ése no es motivo para que dejemos de formar a nuestros hijos. Puede ser que los estados tengan que lidiar con la crisis de su deuda soberana, pero eso no es motivo para abandonar a las universidades públicas que, tal como la UMSNH han abierto el camino de la excelencia educativa en condiciones dolorosas, hasta posicionarse el ranking de las mejores universidades públicas del país.

Sin embargo, eso es justamente lo que estamos haciendo. Y al hacerlo estamos abandonando a su suerte el futuro de Michoacán. Porque no existe futuro sin educación y está en el siglo XXI, en la Sociedad de la Información y del Conocimiento, es inseparable de la Educación Superior.

Notas:

1 En septiembre se publicó el documento "Education at Glance 2014 " mediante el cual la OCDE difunde los principales datos y estadísticas acerca de la educación y su impacto económico y social en los países.

2 Ver el excelente artículo de opinión de Raúl Martínez Solares in "El Economista"http://eleconomista.com.mx/finanzas-personales/2014/09/23/impacto-economico-educacion

24 Todos los zombies de la política

(18 de diciembre 2014)

¿En qué acabará todo esto? ¿En que acabará este trágico 2014? Es la cuestión que se colocan todos. No lo sé. Pero es difícil no tener la sensación de que nos estamos perdiendo una oportunidad crucial, de que estamos en lo que debería ser un giro decisivo, pero sin decidirnos a dar el giro.

Podemos achacar parte de la culpa al presidente que puso por las nubes al proceso de reformas y al "Mexican Moment" y que no ha utilizado su posición privilegiada para plantar cara al fundamentalismo del "gobierno es malo". Podemos achacar parte de la culpa a los sexenios anteriores que han potenciado la caída en el vórtice de violencia. A estas alturas, esta atribución de culpas es irrelevante y ociosa.

Luego está el pequeño detalle de que estamos entrando en la peor recesión sufrida desde el efecto tequila. Se pueden decir muchas cosas del desastre financiero del último año, pero la versión corta es sencilla: los políticos esclavos de la ideología del "presidencialismo imperial" desmantelaron lo poco que se ha alcanzado desde los noventas, en la creencia de que el precio del petróleo podía cuidar de todos los problemas de las reformas estructurales. Con el barril de Brent en sus niveles más bajos desde el 2009, esto es imposible. La consecuencia es que México se ha vuelto de nuevo vulnerable a una crisis del estilo de la de los años 80's y 90's, y la crisis está en puertas.

La cuestión reside en una sola pregunta: ¿qué nos puede salvar de una repetición completa de la grande crisis del 94 "reload"? La respuesta, casi con toda seguridad, reside en la muy diferente función que ha desempeñado el Gobierno Federal… hasta el momento.

El aspecto más importante del papel del Gobierno en esta crisis probablemente no sea lo que ha hecho, sino lo que no ha hecho: a diferencia del sector privado, el Gobierno federal no ha recortado el gasto a medida que se reducían sus ingresos (los Gobiernos estatales y locales son una historia diferente).

La recaudación fiscal ha sido mucho más baja de lo anunciado, el precio del Brent ha llegado a la fatídica barrera de los 63, 11 dólares el barril, pero los cheques de los jubilados siguen saliendo; los subsistemas de salud siguen operando; los empleados federales, de los tres poderes, desde los secretarios, jueces, legisladores, hasta los funcionarios de ventanilla, pasando por los soldados, siguen cobrando su sueldo.

Sin embargo, la imagen de estabilidad descrita en los párrafos anteriores, parte de la suposición de que, desde el punto de vista político, el gobierno será capaz de continuar actuando de forma responsable. El ejemplo comparativo de la crisis del 94 demuestra que esto no está ni mucho menos garantizado.

El fantasma del "error de diciembre", la devaluación del peso que se dio durante los primeros días del Gobierno del presidente Ernesto Zedillo- error que desencadenó una serie de acontecimientos que causaron alzas en las tasas de interés y obligaron al Gobierno a pedir miles de millones de dólares en asistencia financiera al Tesoro de Estados Unidos y a organismos multilaterales- está presente en todas las mentes después de una semana en que el peso, según lo publicado por Reuters esta mañana "se depreció por cuarta sesión consecutiva con una baja de 0.36% frente al dólar, cerrando en 14.7635 pesos por dólar, según la información de Banco de México, tras datos del sector industrial en Estados Unidos".

Ahora bien, si existe algo que todos nosotros los mexicanos odiamos, ese "algo" es una devaluación del peso. Puede ser que, por veces, las devaluaciones de la moneda nacional sean necesarias y hasta momentáneamente benéficas para la economía. Sin embargo, ningún argumento economicista hará olvidar a los mexicanos la humillación sufrida con la devaluación del peso en el sexenio de López Portillo, el presidente que afirmó que lo "defendería como un perro". Para siempre, "per saecula saeculorum ", una devaluación es resentida como una pérdida de un gramo del alma, como una herida abierta y sangrante en el cuerpo simbólico de la Nación.

En consecuencia, si el ciudadano no tiene confianza en la manera como la economía está siendo dirigida, también está perdiendo confianza política en el sistema democrático, cuyo rostro más visible son los partidos. Sobre la crisis económica se acumulan los problemas políticos y de seguridad que han atormentado a México durante años y que cada vez se están poniendo más de manifiesto a escala nacional.

Dicho sin rodeos: los últimos acontecimientos indican que los partidos se han vuelto inoperantes y prefieren un regreso a las tentaciones del autoritarismo. Los pocos moderados que quedan están siendo derrotados por los autoritarios, han huido la escena pública, o se les está obligando a marcharse.

Se podría argumentar que estos no son tiempos normales, de modo que los parámetros políticos normales no son válidos. Es verdad. Pero ahora, también está claro, partiendo de lo que está sucediendo en los Estados (esos laboratorios de la República, como por ejemplo en Michoacán), que la devoción de los partidos por el vudú profundo -reforzado en parte por los grupos de presión dispuestos a todo, hasta a presentar "rivales" llamados "candidatos independientes"- es tan fuerte como siempre.

Ahora bien, el vudú profundo político sólo produce una "república de zombies". A los ciudadanos y a la participación ciudadana en la política, los elimina. Y no sé ustedes, pero, en este final terrible del 2014, yo siento una sensación rara en el estómago. Confieso que hasta prefiero una era "en que los idiotas dirigen a los ciegos", tal como lo decía Shakespeare, que una era en que todos los zombies hacen política.

25 Yo soy #Charlie

(12 de enero 2015)

Los asesinos bárbaros de Charb, Cabu, Wolinski y Tignous, son los mismos que de Afganistán, Bangladesh a Bosnia, pasando por Irak y los países de la Primavera Árabe han asesinado, en las últimas décadas, a otros luchadores, muchos de ellos musulmanes, tales como Mujibur Rahman, Izetbegovic, Massoud, los héroes y heroínas de Bengasi o como Salwa Bugaighis. Bajo el manto de la narrativa radical religiosa esconden objetivos mercantiles predatorios y un profundo odio a la Humanidad.

Estamos frente a una ideología radical con objetivos inalterables: esclavizar a naciones enteras e intimidar al mundo. Ningún acto nuestro invitó a la furia de los asesinos. Y ninguna concesión, soborno o acto de apaciguamiento cambiará o limitará sus planes de asesinato.

En el mundo globalizado, se presume que los "nuevos" los terroristas odian los valores occidentales y especialmente estadounidenses, la cultura, la civilización occidental y la existencia de libertades y derechos civiles. Odian al infiel, al otro, al diferente. No es que no nos entiendan. Nos odian precisamente porque entienden a nuestra sociedad; odian nuestras libertades, nuestro compromiso con la igualdad, con la libertad, con el sufragio universal, nuestros éxitos materiales y nuestras posibilidades de ir más allá, de soñar.

Nos enfrentamos a un enemigo que no puede tolerar la libertad, ni la felicidad, ni la música, ni el arte, ni la literatura. Es un enemigo que tiene una ideología que no cree en la libertad de expresión, en la práctica libre de la religión al interior del terreno neutral del espacio público de la república, ni en la tolerancia. No cree en los derechos de las mujeres ni en el libre arbitrio ni en la existencia erga omnes de la intrínseca dignidad asociada a la naturaleza humana. Es un enemigo que tiene una única meta: la de imponer su ideología totalitaria a gran parte del mundo.

Los objetivos del terrorismo están íntimamente vinculados a los medios, de acuerdo con el argumento del "nuevo terrorismo". Los nuevos terroristas son fanáticos no restringidos por ningún respeto por la vida humana. La violencia está en el corazón de sus creencias. Hay una cierta ambigüedad sobre si la violencia es "estratégica", ya que Simon y Benjamin argumentan que para los nuevos actores del terrorismo se utiliza de manera estratégica y no táctica, lo que quieren decir matar es en sí mismo un fin.

Si la destrucción es un fin en sí mismo más que los medios para alcanzar un fin, entonces no es estratégica. Es teleológica. Sin embargo, la hipótesis de la escuela "nuevo terrorismo" de pensamiento es que, en lugar de elegir entre las alternativas para lograr fines políticos, los nuevos terroristas buscan principalmente matar. La letalidad es su objetivo en lugar de sus medios. Como Benjamin y Simon explican en un editorial publicado en el New York Times a principios de 2000, "Los terroristas aliados con Bin Laden no quieren un lugar en la mesa". El problema es que estamos viviendo en plena carne el carácter dinámico y evolutivo del terrorismo. Para allá de la periodización de David Rapoport y de la identificación de por lo menos cuatro grandes olas previas, con diferentes descriptores, el hecho es que estamos entrando en un quinto período. En la quinta ola de terrorismo, basada en el paradigma del "terrorismo difuso".

No existen áreas "seguras" ni estratos sociales inmunes ni actividades inmunes. En esta "guerra" atípica contra el terrorismo, las fronteras son porosas, la identificación de los grupos difícil y la separación social entre el criminal y la víctima, casi imposible.

En el atentado contra Charlie Hebdo, franceses matan a franceses. Las víctimas son cristianas, ateos, judío, musulmanes. Hombres y mujeres. Civiles y no civiles.

Los "nuevos" terroristas de esta ola de "terrorismo difuso" no están limitados por las preocupaciones políticas seculares. Su objetivo no es influir, pero sí matar, y matar en grandes cantidades.

Difundir el terror. Instalar el terror. Crear la división. Usar las divisiones. Producir las rupturas que llevan a los cismas, sobre estos crear la guerra civil, interna, intestina. Absorber, quemar todo el oxígeno de las sociedades democráticas de estilo occidental, pervirtiéndolas en una búsqueda basada en el paradigma securitario que erosionará nuestras libertades civiles y neutralizará nuestros avances en materia de derechos humanos.

Los objetivos del terrorismo "viejo", por el contrario, eran negociables y limitados. Sus ambiciones eran locales, no globales. Los objetivos de los "viejos" terroristas eran comprensibles y tangibles, por lo general relacionado con los temas de nacionalismo y de lucha por la autonomía territorial. El estado podría negociar con los "viejos" terroristas. Los conflictos se podían resolver. En efecto, se trataba de terroristas presumiblemente sensibles cuyos objetivos eran realistas y pragmáticos.

Como Laqueur lo describió, incluso el más indiscriminado de los "viejos" terroristas, típico de la segunda mitad del siglo XX, vacilaba ante el asesinato en masa por temor a una reacción violenta y porque tales acciones eran ajenas a sus tradiciones y contraproducentes a la legitimación de su lucha: "Ellos odiaban a sus enemigos, pero no habían sido totalmente cegados por su odio. Para los practicantes religiosos radicales del nuevo terrorismo, sin embargo, el asesinato y la destrucción a una escala sin precedentes no suponen un gran problema".

Pero, el 11 S, el 14 M, el 7J, el 6 E, son parte del diseño de las etapas de la quinta ola del terrorismo cuyos objetivos no son negociables. Frente a esta naturaleza propia al terrorismo de la" quinta ola", no debemos minimizar el atentado de París. Ni circunscribir nuestra respuesta a, como lo dice Bernard -Henri Levy en su editorial del "Tribune", un "moment churchillien de la Vº République". Es el momento churchilliano de todos nosotros, no solamente de la Francia.

Es la hora de la verdad. Una verdad, una realidad que tenemos que enfrentar. Una lucha en la cual no podemos claudicar. Un camino que será largo, duro y terrible.

Aquí es donde tenemos que romper, de una vez, con los discursos tranquilizadores y con los remordimientos de un discurso de culpabilización de occidente producido por el multiculturalismo. Y es ahora o nunca. La Francia no puede quedar sola. Debemos elevar los diques que no son los muros de una fortaleza sitiada, sí las fundaciones de un mundo mejor, abierto, orgulloso de sus libertades, que no caerá ni en la trampa de la intolerancia, ni en la tentación de la represión masiva, ni en la criminalización del Islam.

Pero, no cederemos ni un milímetro.

Yo soy # Charlie. Somos millones. Somos el presente y el futuro. Somos la Humanidad. Somos el invencible sol de la libertad en medio del invierno del terror.

Teresa Maria Geraldes Da Cunha Lopes

26 ¿Es el Estado mexicano laico?

(27 de enero 2015)

En una frase atribuida a André Malraux (aunque su paternidad sea contestada por algunos) se define lapidariamente al siglo XXI, como un siglo bajo el signo de las religiones:" Le XXI eme. siècle sera religieux ou ne sera pas".

Ahora bien, la irrupción de los diversos fundamentalismos en el mundo globalizado de hoy, la crisis de inseguridad internacional que producen y el déficit de libertades que arrastran, impone una reflexión, desde la academia, sobre las relaciones entre los estados y las religiones, a nivel mundial. Sin embargo, creo que debemos iniciar por un análisis interno, doméstico, a partir de nuestro contexto nacional.

La pregunta obligatoria, es entonces: ¿Es México un estado laico?

Este artículo, demasiado breve por tratarse de un artículo para periódico, pretende abrir un espacio para el debate de las complejas relaciones entre religión y política en México, proponiendo una lectura histórica de las mismas.

No es una pregunta ociosa; no son pocos los académicos -juristas, teóricos del estado- que prefieren hablar de separación y no de laicidad, en no menos casos por entender que la Constitución mexicana del 1917 consagró un modelo separatista pero no laico y que la praxis política ha confundido, en su generalidad, al anticlericalismo con la laicidad.

El 19 de junio de 2013, la Comisión Permanente del Congreso de la Unión formuló la declaratoria de reforma del Artículo 24 constitucional, que pasó de garantizar la libertad de culto a promover la libertad religiosa. Es un cambio que podríamos llamar de, coperniciano. Formalmente, este cambio fue posible una vez que se alcanzó el voto a favor de la mayoría más una de las legislaturas locales, pero haber llegado hasta este punto implicó para los sectores más beligerantes del catolicismo mexicano un largo proceso de movilización social y política a lo largo del siglo XX y en la primera década del XXI.

Ciertamente, las relaciones en torno al factor social religioso tienen en su seno una intrincada historia; pero aún y a pesar de ello, lo importante estriba en determinar cómo se han gestado en el Estado mexicano las relaciones y generado los conflictos entre ambas potestades (civil vs. eclesiástica).

A partir de la promulgación de la Constitución de 1917 y finalizada la Revolución, la reestructuración de la nación requería no sólo de discursos y planes políticos, sino también de personas que tuvieran la capacidad de resolver las problemáticas sociales; no obstante, los actores políticos no estaban dispuestos a negociar y sólo mostraban posturas enconadas. Durante el gobierno callista se presentaron algunos sucesos trascendentales en la vida del Estado; empero, el principal problema -y que era herencia de la administración de Obregón- fue el religioso. En concreto, el modelo de institucionalización impuesto por Calles precipitaría el conflicto. Las hostilidades entre la iglesia y el Estado llegaron a su punto de ruptura; para 1925, las posiciones se polarizaron entre un anticlericalismo sin límites y un ultramontismo miope. La voluntad de disminuir la influencia del clero en la vida política y en la educación formaba parte del proyecto de establecer la primacía del Estado; el gobierno aplicó las normas legales que le otorgaban el derecho al control sobre la actividad del clero sin demasiada prudencia, lo que revelaba el sentir anticlerical del presidente.

Es cierto que el conflicto iniciado en 1926 surgió al tratar de poner en práctica ciertas disposiciones constitucionales; no obstante, para comprender sus causas y efectos, no basta con estudiar tales normas, sino que es necesario comprender las fuentes ideológicas de donde procedían y los motivos que habían generado las diferentes actitudes que fueron asumidas al desencadenarse el conflicto.

Durante los años de lucha que se siguieron, el Estado mexicano y la iglesia católica habían mantenido negociaciones secretas. Como resultado de las conversaciones que sostuvieron, apareció publicada el 22 de junio de 1929, la nota de las declaraciones a la prensa nacional y extranjera, del Presidente Portes Gil, anunciando que el conflicto entre el clero y el gobierno terminaba.

Así, la llamada guerra cristera concluyó con los "arreglos" entre la jerarquía católica con el gobierno mexicano, con un acuerdo: no derogar las disposiciones constitucionales sobre la materia del factor social-religioso, sólo no aplicarlas. Al hacerlo así, se constituyó en las relaciones Estado mexicano e iglesia católica lo que se ha calificado como un modus vivendi, un modo de vivir entre las autoridades civiles, que optaron por no aplicar las leyes, y las autoridades religiosas, que decidieron no disputar de manera pública las condiciones que les habían sido impuestas.

La guerra cristera dejó una huella profunda en la vida pública mexicana y, en particular, en la ideología profunda de los michoacanos, sembrando las raíces de un estado latente de rupturas políticas, de alianzas y divisiones entre las "familias" en los círculos del poder que todavía son vigentes. En un sentido, aclaró, también, la disposición de grupos dentro de la iglesia católica, al confrontarse con los líderes de ésta; los líderes formales del catolicismo mexicano, especialmente sus obispos, fueron obligados a desarrollar estrategias autónomas de organización y financiamiento de sus actividades. Por su parte, las autoridades civiles reconocieron la imposibilidad de operar el modelo de relaciones Estado mexicano e iglesias definido por el texto original de la Constitución de 1917.

Otra consecuencia clave de la guerra cristera para el futuro de México fue su contribución en la conformación del movimiento social y del partido político opositor, con ideología contraria al partido hegemónico.

El más importante de todos fue, durante la década de los treinta, el sinarquismo; un movimiento social de base católica y campesina, que nutrió primero a la Unión Nacional Sinarquista y durante las décadas de los setenta y ochenta del siglo veinte, a varios partidos políticos, como el Partido Demócrata Mexicano y la Unión Nacional Opositora. Durante los noventa, esta vertiente política se agotó y terminó fusionándose en el Partido Acción Nacional.

Lo cierto es que la recomposición de las fuerzas sociales en el seno del Estado mexicano, se produjo no sólo gracias a la tolerancia en materia religiosa, si no a la complacencia y hasta la complicidad entre el Estado mexicano y la iglesia católica que condujo a la ineficacia del ordenamiento en materia religiosa y a una regulación "contractual" por los agentes partícipes en las relaciones Estado-iglesia, pues como afirma Jiménez Urresti, "En el Estado y leyes de México se notaba, muy destacado, el divorcio entre la normativa jurídica y la realidad social, en materia de libertad religiosa: iban diametralmente disociados, por desconocer a las iglesias".

Podemos, entonces, colocar la cuestión de la "vigencia de los arreglos". Pese a estas protestas de sectores revolucionarios, el modus vivendi instaurado por los "arreglos de 1929" continuó vigente durante décadas, hasta la Concordata del sexenio salinista. En enero de 1979, se presentó una minicrisis provocada por la primera visita que realizó a México el Papa Juan Pablo II, que dio lugar a muchas violaciones a la Constitución, pues se llevaron a cabo actos religiosos fuera de los templos, participaron sacerdotes extranjeros, se hicieron declaraciones acerca de la legislación nacional. En esta trama, la iglesia volvía a salir de los templos; contrariamente, a los "arreglos" con el gobierno mexicano, ésta reiteradamente se involucraba en asuntos públicos y se presentaban ciertas interferencias entre ambas potestades.

Es indudable que el Estado mexicano patrocinó la vigencia de los "arreglos" por casi sesenta y cinco años; el "modus moriendi" caracterizado por la "persecución intermitente y discrecional" se agotaría aproximadamente en 1940, abriendo una etapa caracterizada por el "modus vivendi" que finalizó, con las reformas constitucionales y legales efectuadas durante la presidencia de Salinas de Gortari.

La simulación y desobediencia institucional en el modelo laico de relación entre el Estado y la iglesia fueron provocadas por los arreglos de 1929; lo anterior, debido a que la recomposición de las fuerzas sociales en el seno del Estado mexicano, produjo la ineficiencia del ordenamiento legal en materia eclesiástica que persistiría hasta la reforma constitucional de 1992.

El año de 1992 ha quedo marcado en esta relación por el reconocimiento que hace el Estado Mexicano a las Asociaciones Religiosas (AR) al generarles un marco jurídico que les da derechos y obligaciones.

A partir del 1992, asistimos a una renovación del discurso oficial y a un desvío de la narrativa anticlerical para un discurso "laico". El proceso de reforma del artículo 24, que por sus alcances tuvo que acompañarse de un cambio al contenido del Artículo 40 de la Constitución, para insistir por lo menos discursivamente en el espíritu laico de la República, mostró que las transformaciones en materia religiosa han sido un elemento clave para la renovación del neoliberalismo en México.

Ahora bien, las múltiples interpretaciones del mundo y de los roles de los estados, instituciones y grupos religiosos reflejan la urgente necesidad de desarrollar un enfoque multidisciplinario para analizar problemas políticos, económicos, religiosos y sociales. La interacción de ideas, valores y comportamiento en el ámbito doméstico presentan nuevos retos para las dinámicas globales en donde la estructura interdependiente del mundo globalizado. Es urgente, en este contexto, llevar a los académicos, políticos y líderes religiosos a dialogar y cooperar en la producción de un espacio laico republicano, dónde todos pueden vivir, ejerciendo las libertades fundamentales, en particular la libertad de expresión, sin caer en la sumisión a ninguno radicalismo religioso ni crear otra simulación, o "arreglo" que lleve a una precedencia moderada de la religión sobre las libertades individuales.

*Nota: Algunas ideas aquí esbozadas fueron tratadas de forma extensiva en el artículo de LÓPEZ, María Teresa Vizcaíno; LOPES, Teresa Maria Geraldes Da Cunha. "La transformación del derecho eclesiástico mexicano, 1917-1991. Acerca de las relaciones gobierno civil e iglesias en México.", publicado en Letras Jurídicas, UV 2010

Teresa Maria Geraldes Da Cunha Lopes

27 Los derechos y libertades comunicacionales bajo ataque

(23 de febrero 2015)

En el momento actual, los legisladores pretenden revivir la "Ley Beltrones" que permitirá la censura por parte de autoridades de publicaciones en la red, bajo el argumento de protección a los derechos de autor y a la propiedad intelectual. En consecuencia, me parece importante abordar los conceptos de derecho a la información, libertad de expresión y derecho de réplica, bajo una perspectiva comparativa con otros ordenamientos, a fin de crear un debate público informado sobre estas cuestiones y su impacto en nuestras libertades individuales y cívicas.

Este impacto se traducirá en una merma del nivel de protección actual de los derechos fundamentales a la información, a la libertad de expresión, al derecho de réplica y al derecho de rectificación. Sin embargo, observamos que esta tendencia restrictiva no es una excepción, sí una tendencia general.

Y que no es reciente, viene de largo. Ya, en febrero de 1980, cuando la UNESCO dio a conocer un informe titulado *"Un solo mundo. Voces múltiples"*, también conocido como informe McBride, en él se presentó un duro diagnóstico sobre el estado de la comunicación y la información en el mundo de entonces, basado en la conclusión de que una tendencia hacia la concentración empresarial de las corporaciones dedicadas al negocio de la información y la comunicación representaría una amenaza para la democracia y un riesgo para el derecho a la información.

El Informe McBride vinculó este fenómeno con el desarrollo de la tecnología. Lo que estamos viviendo en la era de las redes sociales y del "big data", retoma muchas de las previsiones contenidas en dicho informe. En particular la de un lento, pero visible retroceso en las libertades de expresión, manifestación y, en particular, en los derechos comunicacionales.

Esto es particularmente observable en México a partir de las leyes secundarias del 2014 que retiraron fuerza a la reforma constitucional del 2013 de los artículos 6 y 7 constitucionales. En esa reforma del 2013 fue extraordinariamente importante la definición de que tanto la industria de la televisión y de la radio como la telefonía, la televisión restringida, el internet y la convergencia entre estos distintos ámbitos son *servicios públicos de interés general*. Pero, a partir de esa definición entramos en la fase recesiva establecida por las leyes secundarias.

En diciembre 2013, la Cámara de Diputados aprobó tras casi seis años de demora una ley que obliga a los medios de comunicación, agencias de noticias y productores independientes de contenidos a garantizar el derecho de réplica de una persona que pruebe haber sido agraviada por información falsa difundida en su contra. Bajo la nueva definición, el derecho de réplica puede ser reclamado cuando se divulguen *"hechos que le aludan, que sean inexactos o falsos, cuya divulgación le cause un agravio ya sea político, económico, en su honor, vida privada y/o imagen*" de cualquier ciudadano, incluidos funcionarios públicos y candidatos electorales. Hay que resaltar que el Congreso de la Unión aprobó en 2007 el cambio al artículo sexto constitucional que dice "*el derecho de réplica será ejercido en los términos dispuestos en la ley*", pero que, en términos de la ley reglamentaria, la que databa de 1917 no había sido emitida por los legisladores hasta el pasado 6 de diciembre del 2013.

La nueva ley reglamentaria del derecho de réplica inscrito en 6o. Constitucional indica que los medios están obligados a ofrecer de forma gratuita un espacio equivalente al usado por la información reclamada para realizar aclaraciones o probar que el medio de comunicación realizó afirmaciones falsas o inexactas. Incluso las opiniones en artículos como los de los periódicos o revistas, o en la radio, la televisión o internet, están sometidas a esta ley "siempre y cuando esté sustentada en información falsa o inexacta cuya divulgación cause un agravio a la persona que lo solicite".

El dictamen define al derecho de réplica como: "*derecho de toda persona a que sean publicadas o difundidas las aclaraciones que resulten pertinentes, respecto de datos o informaciones transmitidas o publicadas por los sujetos obligados [medios y actores de comunicación] relacionados con hechos que le aludan, que sean inexactos o falsos, cuya divulgación le cause un agravio ya sea político, económico, en su honor, vida privada y/o imagen*".

En ese momento el Grupo Artículo 19 emitió una serie de consideraciones relativas a puntos controvertidos de la ley reglamentaria. En particular a la cuestión de la imprecisión sobre la forma de derogación o abrogación de legislaciones estatales en la materia, tanto previstas en Códigos Civiles como en Leyes Especiales. (Art. 1, 8, 20, 21, 23, 35, 40, 41, 42 y transitorio 3° en relación al art. 53 frs. VII a IX de la Ley Orgánica del Poder Judicial de la Federación). Asimismo, también colocó la pertinencia del esclarecimiento de las solicitudes de réplica hechos durante la llamada "veda electoral" (art. 3 párrafo 5° y 37). Señalar que, en caso del ejercicio del derecho de opinión, no se admitirá la posibilidad de una acción judicial, por lo que el concepto "crítica periodística" (art. 5 párrafo 1°) deberá contemplar esta excepción. Lo anterior al no precisarse si la exclusión de "juicios de valor u opiniones" (art. 13) es respecto a la información que la motiva o respecto de la forma en que se solicita la rectificación y respuesta.

Ahora bien, el 14 de julio de 2014 —cuando la opinión pública se centraba en el mundial de fútbol de Brasil y no en los grandes problemas nacionales que se abordaban en el Congreso—, el Ejecutivo aprobó las leyes secundarias que regularían el nuevo modelo de comunicación y telecomunicaciones del país, normativa que introduzco un retroceso jurídico relativamente al Pacto por México en 2012 y a los avances logrados en materia de réplica con la reforma constitucional de 2013.

Como derecho constitucional, la tutela se encomendó de manera *light* y "desvirtuada a los defensores de las audiencias, como una función extra. En el mejor de los casos, tales instancias serán los canales que se encarguen de atender las "inconformidades" de los públicos, sin ninguna derivación legal o penal en caso de incumplimiento. En este sentido, el derecho de réplica no es un verdadero derecho, pues para alcanzar tal naturaleza el Estado debe estar obligado jurídicamente a garantizarlo. De lo contrario, permanece como una simple recomendación ética." (ver artículo de Javier Esteinou, *El derecho de réplica en México, caricatura jurídica* "en la dirección web http://estepais.com/site/2014/el-derecho-de-replica-en-mexico-caricatura-juridica/).En cuanto al "responsable" de los "sujetos obligados", no hay suficiente claridad de supuestos adicionales a los "portales electrónicos", así como los requisitos para considerar como válida la notificación del solicitante de la réplica (art. 7 en relación con el 10 y el art.

19 fr. III, así como transitorio 2°), también los supuestos donde la formalidad de una notificación "en el domicilio" haga incosteable cumplir con esa formalidad. Lo anterior más allá de la aplicación supletoria del Código Federal de Procedimientos Civiles.

El derecho a la rectificación, a su vez, se encuentra inscrito en los "derechos ARCO" – derecho de acceso, derecho de rectificación, derecho de cancelación, derecho de oposición. - o sea en la arquitectura jurídica del derecho fundamental a la protección de datos personales. Siguiendo la definición usada por el IFAI: *"por una parte, garantizan al titular el poder de decisión y control que tiene sobre la información que le concierne y, en consecuencia, su derecho a la protección de sus datos personales. En segundo término, actúan como complemento del deber del responsable de cumplir con las obligaciones que le son impuestas en la Ley, permitiéndole identificar aquellos casos en los que el tratamiento pudiera no resultar ajustado a los mismos."* (IFAI). El responsable tiene la obligación de rectificar, a solicitud del titular, la información de éste que resulte ser incompleta o inexacta. Al respecto, es importante tener presente lo siguiente:

"• En las solicitudes de rectificación de datos personales el titular debe indicar las correcciones a realizar y aportar la documentación que avale su petición.

• Si la información personal a rectificar ha sido transferida a terceros nacionales o extranjeros con anterioridad, el responsable debe informar a éstos de tal situación para que procedan a efectuar la corrección correspondiente.

• El responsable tiene plena libertad de habilitar mecanismos que le faciliten el ejercicio de este derecho, siempre y cuando éstos beneficien al titular."

Sin embargo, en términos de defensa de los derechos comunicativos de los individuos, las reformas del 2014, también reducen el acceso del individuo a un verdadero y eficiente derecho de rectificación, al dejar la rectificación, recomendación o propuesta de acción correctiva en las manos del emisor concesionado, sin obligarlo a hacerlo en el mismo espacio mediático (programa de radio o televisión), sino que la rectificación se trasladará —para ser difundida tan pronto como sea posible— a la página electrónica que el concesionario de radiodifusión acuerde para esos efectos. Como lo cuestiona Esteinou, en el artículo supra citado: "*¿De qué servirá ejecutar en una página web el derecho de réplica 20 días después de que la imagen, el nombre o el prestigio de una persona o institución fue manipulado, calumniado, mancillado o desprestigiado en las pantallas o diales de los emisores a nivel nacional, cuando la opinión pública se mueve al ritmo y en los espacios que imponen las industrias culturales electrónicas masivas?*".

La realidad es que en nuestra tradición jurídica la expresión "*derecho de rectificación*" se confunde con otros y, sobre todo, con el "*derecho de réplica*", retirando fuerza al segundo. El origen de esta dualidad terminológica no deslindada se encuentra tal vez en la tradición francesa, de la que se importa (como una forma de trasplante jurídico) la institución a México, tradición jurídica que reconoce dos derechos sólo similares: el de réplica (*droit de réponse*) y el de rectificación (*droit de rectification*). Como veremos enseguida, su distinción reside tanto en el contenido de la garantía como en elementos más bien accidentales.

Sin embargo, bajo de un punto de vista de la doctrina jurídica habría que distinguir cuatro otras tradiciones: la francesa, la alemana, esta última también conocida como "*sistema restringido*", la comunitaria (Unión Europea) y la estadounidense. En efecto, de estas cuatro tradiciones, resulta la existencia de cuatro sistemas por lo que se refiere a las posibilidades de que los individuos puedan contestar las informaciones y/u opiniones difundidas por o editadas en los distintos medios de comunicación, uno amplio y otro más restringido. Tres son ajenos a los nuevos problemas introducidos por las publicaciones electrónicas, por difusión masiva de la información en red y por las consecuencias de vivir en la era del *"big data"*.Estos últimos contextos sólo serán abordados, a partir del 2004, en las recomendaciones y directivas europeas, pero los principios del derecho de réplica, como un derecho amplio de contestar una opinión con otra, sin necesariamente intervenga una rectificación del hecho, están bajo revisión después del ataque terrorista al periódico francés "Charlie Hebdo".

En el sistema francés en relación con el cual, si bien los titulares del derecho de rectificación son únicamente los responsables públicos —cuando los actos propios de su función no hayan sido exactamente narrados por un diario o publicación periódico, se reconoce con una generosa amplitud del derecho de réplica (*droit de reponse*). Este tiene ya un alcance no sólo subjetivo, sino objetivo más dilatado que la mera rectificación, en la medida en que abarca la contradicción tanto de informaciones como de opiniones, atisbándose ya en él esa teleología de tutela del debate de ideas, más que de mera protección individual, tan predominante en el mundo anglosajón.

O sea, la réplica cubre tanto la contestación (*droit de rectification*) de meras informaciones relativas, pues, a hechos, como la réplica a opiniones o juicios de valor. En el primer caso, no se exige que los hechos objeto de la contestación sean ciertos, pero se otorga a los individuos la posibilidad de dar otra versión de los mismos, desmentirlos, enmendarlos, etcétera.

El segundo sistema, denominado restringido, es el alemán. En él únicamente existe la versión más limitada presente en el sistema francés, esto es, la rectificación de meras informaciones (*Gegendarstellung*). Bajo la primacía y precedencia del principio de que los hechos son sagrados pero las opiniones son libres, este sistema vuelve a potenciar la tutela individual sin atender, al menos no en la misma medida que la réplica, a la dinamización del estado de la opinión pública a través de la confrontación de ideas.

Podemos, entonces considerar que la rectificación contribuye al pluralismo informativo y, desde esta perspectiva tiene una indiscutible dimensión colectiva, pero que también es indudable que tal dimensión queda mutilada sin la confrontación de ideas y opiniones, solo presente en el derecho de réplica. Este aspecto, toma una importancia nueva, en el nuevo contexto de los medios electrónicos y de las redes sociales, frente a la masiva difusión de la información (viralidad) permitida por las herramientas tecnológicas. También, tenemos que considerar que otro tipo de plataformas, además del periódico, de la radio y de la televisión, están presentes y representan una tendencia de masificación de la comunicación: Twitter, Facebook, blogs, etc.

En consecuencia, desde el punto de vista regulador resulta imprescindible hacer una referencia algo más detenida a las iniciativas normativas —aunque limitadas al nivel de soft-law— provenientes de diversas instituciones europeas y que pueden ser consideradas co o referentes para la producción de otros instrumentos legislativos en otras latitudes.

La primera cristalizó en la Recomendación (2004) 16, de 15 de diciembre, del Comité de Ministros del Consejo de Europa, sobre el derecho de rectificación en el nuevo contexto de los medios de comunicación social. Curiosamente, la versión del borrador de enero de 2003 se aplicaba tan sólo a los —medios on-line profesionales. Dos meses más tarde, en marzo de ese mismo año, el texto había suprimido el término —profesionall e intencionadamente cubrió todo tipo de medios on-line, señalando que organizaciones informativas, páginas web personales, listas de correo moderadas, bitácoras o weblogs en Internet deberían ofrecer un derecho de réplica a todos aquellos que fueran criticados por una persona u organización; referencias estas que la actual norma, sin embargo, no contiene expresamente.

En su versión final, esta norma vino a disponer que el derecho de réplica fuera eficaz ante cualquier proveedor de contenidos en la Red –precepto o principio extraordinariamente expandido por el reconocimiento del derecho al olvido en Internet, explícito en la sentencia del caso 131/12 del Tribunal europeo contra Google- y no sólo frente a los medios de comunicación social operados con carácter profesional. Únicamente se exige que se trate de un medio o servicio de aparición periódica.

Asimismo, desde el punto de vista de las iniciativas desarrolladas a nivel comunitario, conviene detenerse, también en la Recomendación del Parlamento Europeo y del Consejo, de 20 de diciembre de 2006, relativa a la protección de los menores y de la dignidad humana y al derecho de réplica en relación con la competitividad de la industria europea de servicios audiovisuales y de información que parece tomar la misma vía interpretativa, al señalar que, a los efectos del derecho de réplica, —por "medio de comunicación" se entenderá cualquier medio que permita la difusión al público de información editada en línea, como por ejemplo periódicos, revistas, radio, televisión y servicios de noticias basados en la web"-.

Como puede observarse, esta última definición se encuadraba en una concepción de Internet como una Red de libertad, cuyo desarrollo era —se dice esencialmente incompatible con la intervención del estado como controlador de la red. Ahora bien, en el momento actual y frente a la creciente amenaza del terrorismo internacional, en particular de la globalización de ataques desde grupos radicales como el "estado islámico", asistimos a una paradójica situación: por un lado tenemos un consenso de creación de líneas de defensa de los derechos fundamentales propios a las democracias occidentales (en que el fundamental es el derecho a libertad de expresión) y, por otro, en nombre de esa defensa, estamos frente a la implementación de un ciber control del estado sobre todas las actividades de los individuos, en particular, sobre su comportamiento en red y el monitoreo de las telecomunicaciones, que nos acerca, cada vez más rápido, a un estado cibertotalitario.

Asimismo, no parece haber duda de que la garantía recogida en los instrumentos jurídicos supra citados, es propiamente la versión restringida, esto es, el derecho de rectificación con el alcance ya conocido propio de derechos internos como el alemán o el español. Sin embargo, habría que hacer énfasis que en las versiones inglesas de ambos documentos se refieran "a right to reply" (las recomendaciones y directivas europeas se publican en versiones de las diversas lenguas oficiales de los estados miembro). En efecto, la primera de las recomendaciones dispone en su primer principio que –"*any natural or legal person, irrespective of nationality or residence, should be given a right of reply or an equivalent remedy offering a possibility to react to any information in the media presenting inaccurate facts about him or her and which affect his/her personal rights*".

Además, se señala que "*sin perjuicio de las demás disposiciones civiles, administrativas o penales adoptadas por los Estados miembros, cualquier persona física o jurídica, independientemente de su nacionalidad, cuyos legítimos intereses, en particular, pero no exclusivamente, por lo que atañe a su honor y su reputación, hayan sido lesionados como consecuencia de una afirmación de hechos en una publicación o difusión, debería poder disponer de un derecho de réplica o de recursos equivalentes*".

Pero, no es sólo México o la Unión Europea que están bajo tentaciones totalitarias de control de los derechos comunicacionales. Los E.U.A. han experimentado una evolución altamente negativa al respecto. Como es sabido, en este país se concibió a finales de los años sesenta un *right to reply* a través de la política conocida como *Fairness Doctrine*.

Sin embargo, la misma se aplicó únicamente a los *broadcasters*, en el entendimiento de que éstos tenían — "a *fiduciary duty to the public*", que se concretaba precisamente en el derecho de los particulares a acceder a espacios de emisión (de los que teóricamente el propio público era titular y el operador de televisión mero concesionario o depositario) para exponer puntos de vista contrapuestos en asuntos de interés público. Por el contrario, tal doctrina fue expresamente excluida para la prensa escrita, lo que permite advertir al menos un aspecto de la inconstitucionalidad de la *Communications Decency Act* a que antes nos referimos: si los medios en Internet se equiparan a la prensa escrita y en ésta no rige el derecho de réplica, la Ley que lo imponga sólo para aquéllos es inconstitucional por contraria a la Primera Enmienda.

Igualmente, la *Fairness Doctrine* se excluyó incluso para la televisión por cable por no concurrir en dicho medio los requisitos mencionados, sobre todo el de escasez.

La regla sufrió posteriormente un decisivo abandono y las intenciones del Congreso de readoptarla a través de un instrumento legislativo fueron frenadas por el veto del Presidente Ronald Reagan. A partir del Patriot Act del 2001 de Bush y, recientemente con el proyecto PRISM de la era Obama, en particular después de la extensión por cuatro años, votada por el Congreso en el 2011, en nombre de la "seguridad nacional", los individuos se han transformado en "individuos bajo sospecha", cuyas comunicaciones son permanentemente monitoreadas.

De Daniel Ellsberg, pasando por Julian Assange, Bradley Manning y ahora Edward Snowden, Estados Unidos se ha progresivamente transformado en un estado totalitario cibernético con objetivos y métodos que nos recuerdan la antigua Unión Soviética y en que la primacía de la Ciberseguridad y la obsesión por la guerra contra el enemigo invisible (post 9/11) tienen precedencia sobre las garantías constitucionales.

Concluyendo, en materia de derecho a la información, libertad de expresión y derecho de réplica, podemos afirmar que la célebre frase de Lenin, "un paso adelante y dos pasos atrás", ha sido transformada por el discurso de la seguridad de los estados que ha primado sobre nuestras libertades, en la máxima "un paso adelante y cien pasos atrás". Este retroceso no es un problema específico a México. Es una tendencia general contra la cual tenemos que hacer frente común, o acabaremos viviendo en versiones modernas de la sociedad descrita en la novela de Orwell, "1984".

28 ¿Qué ganamos con el acuerdo nuclear con Irán?

(06 de marzo 2015)

Durante los últimos meses, hemos asistido a la coreografía diplomática de las negociaciones entre el Grupo 5+1 (los cinco miembros permanentes del Consejo de Seguridad más Alemania) e Irán sobre la cuestión de energía nuclear en el país. Un acuerdo entre las dos partes, podría conducir a una normalización de sus relaciones. Este acuerdo parece estar inminente, pero según el premier israelí el pacto con Irán nos "lleva a una pesadilla nuclear".

Es altura, entonces, de colocar la cuestión: ¿Qué ganamos y, que podemos perder con este acuerdo nuclear con Irán?

En primer lugar, hay que tener bien claro, que la dinámica de las negociaciones se hace en base a un cálculo hecho por Estados Unidos para aprovechar la ventana de oportunidad para una posible reconciliación, abierta con la elección de Hassan Rohani. En la visión de Obama, para estabilizar la región, la peor solución sería no hablar con Irán. Para Washington, la lógica de considerar a Irán como un enemigo llegó a su fin.

Sin embargo, no debemos engañarnos: Irán se va a transformar, de un día para el otro, en un aliado de Occidente. Por una parte, no debemos olvidar que el cuadro regional se ha complicado con la guerra civil Siria y con la emergencia del Daech (Estado Islámico). Para Occidente (léase EE. UU y Unión Europea) y también para Rusia, Siria tiene una enorme importancia estratégica, e Irán todavía apoya Assad.

Por otro lado, existe la amenaza a la supervivencia misma de Israel caso la región se transforme en una región nuclearizada y se fortalezca el eje Irán, Assad, Hezbolá. Sin embargo, está claro que es mejor ir a la mesa de negociaciones con un enfoque constructivo para ver lo que podemos hacer porque, de todos modos, sin Irán probablemente nada podremos hacer.

Otro elemento importante a tener en cuenta es el hecho de que un acuerdo nuclear con Irán tiene que ir complementado de toda una serie de acuerdos (paralelos unos, subsecuentes otros) sobre la convergencia de intereses entre Occidente e Irán en otros frentes -Irak, Afganistán, Líbano, Siria. Y, claro, de toda una serie de salvaguardas para colocar límites al rayo de acción estratégica de Irán que pueda comprometer nuestros aliados naturales, o sea específicamente a Israel.

El tema de Irak es uno de esos acuerdos complementarios urgentes. Hay que recordar que, sobre el tema de Irak, Irán también tiene un papel importante que desempeñar. La ofensiva contra el Daech (Estado islámico) en Tikrit, la cual se encuentra actualmente en curso, es llevada a cabo con tropas iraquíes y comandantes iraníes. Irán es el único país de la región que apoya oficialmente Irak y está luchando contra el Daech al lado de las fuerzas armadas iraquíes. Una vez más, hay que decir que los iraníes tienen un interés estratégico en estas intervenciones y, si bien no van a convertirse en un aliado de Occidente, es obvio que existe una conjunción de intereses entre las dos posiciones. Sin Irán, la ofensiva del Daech (Estado Islámico) en Irak en el verano de 2014, habría tenido consecuencias mucho más graves. Así que los estadounidenses y la Unión Europea saben y, lo reconocen, que podemos encontrar un terreno común con Irán para luchar contra el Daech y llegar a una posible (necesaria) estabilización de Irak.

También hay que hablar del papel de Irán en la negociación de la crisis en Afganistán pasando por la transición a un nuevo entendimiento después de la retirada de la OTAN. Aunque Irán realmente no tiene todas las cartas en este ámbito, debemos saber que los talibanes son los enemigos jurados de los chiítas, e Irán ha apoyado desde el principio el gobierno de Karzai.

Otro frente a tener en consideración: el Líbano, dónde Irán tiene fuertes lazos con Hezbolá y dónde, al mismo tiempo, sabemos que existen fuertes tensiones con Arabia Saudí a causa de la rivalidad religiosa y política entre sunitas y chiítas y de la lucha por el papel de líder regional entre Teherán y Riad. A pesar de todos estos frentes, creo que la lógica de Obama es positiva en el sentido de que la peor solución sería excluir a Irán de todas las negociaciones en Oriente Medio. Pero, pienso también que Washington tiene un largo camino por delante para reconstruir la confianza que perdió entre sus aliados tradicionales. En particular, tiene que asegurar a Israel el tiempo, el financiamiento y el acceso a la tecnología de punta, para que esta mantenga su ventaja militar y sea un aliado eficiente.

Creo que, junto con este cálculo geoestratégico, los Estados Unidos también tienen fuertes intereses económicos a los cuales debemos sumar la importancia simbólica de un acuerdo pre-electoral con Irán, para continuidad de los demócratas en la Casa Blanca. Desde la Revolución Islámica las empresas estadounidenses quedaron fuera del mercado iraní en el sector de la energía, por ejemplo. En términos de política interna, la cuestión de Irán tiene tantas resonancias y mueve tantas emociones, que es muy claro el interés del presidente de Estados Unidos por el restablecimiento de las relaciones diplomáticas con Irán. Este hito, tal como el final del embargo con Cuba, sería una parte importante del legado histórico de Obama.

Pero, en estas circunstancias, si hay acuerdo, ¿no debemos temer que el mismo sea redactado a toda prisa, añadiendo una nueva capa de confusión acerca de lo que está pasando en la región?

Es una posibilidad, pero remota. Primero, las negociaciones no se desarrollan entre Estados-Unidos e Irán, sí entre el grupo 5+1 e Irán. Además, cada problema ha sido re- analizado punto por punto, desde noviembre de 2013 y el Acuerdo Interino. Cabe también resaltar, que cada potencia del grupo 5+1 conoce bien las carpetas de la negociación y está familiarizada con los últimos 12 años de negociaciones con Teherán. En los trabajos y con asiento en la mesa de negociaciones, todavía existen técnicos, en ambos lados, que han participado en cada una de las rondas desde su inicio. Todo se discute, y no creo que lo sea de forma impulsiva, porque hay mucho en juego (no sólo para EEUU, sino también para los otros cinco países) al momento de determinar los términos que definen el acuerdo sobre el programa nuclear iraní.

Pero, que el acuerdo es posible, es posible. Además, existen otras cuestiones sobre las que los Estados Unidos e Irán han tenido seguramente que empezar a compartir información. Tal ha creado una red de contactos personales, fruto de las conversaciones directas que es importantísima. En las relaciones internacionales (como en la vida), los contactos personales juegan mucho, y los estadounidenses se han dado cuenta de que los iraníes no eran los "demonios" que la narrativa oficial presentaba. Sin embargo, si tal abre una posibilidad real de estabilización de las relaciones bilaterales, el riesgo inherente consiste también en la introducción de una sobredosis de confianza que baja la guardia en un momento crítico y que puede alienar otros parceros. Sobredosis que puede llevar Irán a pasar del nuclear civil a la producción de la bomba, uno de los argumentos de Netanyahu en el discurso ante el Congreso estadounidense, es que, aunque el acuerdo que negocian EE UU y las cinco potencias de la ONU (más Alemania) congelase el programa nuclear, a Irán le bastaría un año o menos para reactivarlo, lo que, además, podría ser llevado a cabo clandestinamente, ya que es cuestionable la eficacia de los inspectores.

Esta posibilidad apocalíptica, presentada en momento pre-electoral, también explica por qué el discurso de Benjamin Netanyahu, el martes 3 de marzo, ante el Congreso de la Unión, no cayó muy bien a la administración Obama. Si bien Benjamin Netanyahu tiene una visión demasiado unilateral del riesgo del acuerdo nuclear con Irán y de sus repercusiones para Israel y para el conjunto del Oriente Medio, también es cierto que colocó cuestiones pertinentes para las cuales tenemos que encontrar respuestas. Sin embargo, tal como lo escribe el editorial del Haaretz del 4 de marzo (ver http://www.haaretz.com/news/diplomacy-defense/1.645250)   la verdadera amenaza para la supervivencia de Israel no es el "apocalipsis" que viene de Teherán. El peligro real reside en el ataque a sus instituciones de estado democrático. O sea, la amenaza no se encuentra en la ratificación del acuerdo nuclear de los 5+1 con Irán, sí en la manutención de la ocupación y en las iniciativas legislativas recientes que merman los derechos civiles de los palestinos. Netanyahu ha estado jugando al gato y al ratón tanto con la comunidad internacional como con el electorado israelí. En el camino se ha llevado a Israel a un aislamiento sin precedentes. Visión apocalíptica que debemos combatir. Aislamiento que debemos romper.

Tenemos que pensar en etapas, en pasos, en términos de proceso. Después de solucionar esta crisis, los dos lados verán lo que quieren hacer relativamente a toda otra serie de cuestiones que quedarán en la mesa. Es importante tener presente que cada problema debe ser estudiado y solucionado, caso a caso, de manera estratégica, y fundamentalmente pragmática. El camino no es, ni será, fácil, ya sea porque en Irán, muchos se oponen a estas negociaciones (por ejemplo, para los conservadores más radicales del Pasdaran, esta idea de un acuerdo con Occidente cae mal) ya sea porque en ninguna circunstancia podemos imaginar que Irán vuelve a ser un verdadero aliado de Occidente, o que pueda convertirse en el gendarme de los estadounidenses en la región.

Si un acuerdo se concluye positivamente, tanto iraníes como occidentales deben considerarlo como el resultado de una convergencia de múltiples y complejos intereses y que realmente se trata de un acuerdo de contingencia para servir a los objetivos de los dos lados.

La conciliación es siempre un paso positivo, pero tiene que ser tratada de una forma pragmática y nunca idealizada. Irán tendrá que estar dispuesto a no entrar en el campo de influencia occidental o el acuerdo, estará muerto desde su firma ya que es de sospechar que el mismo molesta a algunos aliados de Occidente en la región, a las monarquías suníes del Golfo, especialmente, como Arabia Saudita o Qatar …y, como ya lo referimos a Israel. Hay que tener presente que el Consejo de Cooperación del Golfo (CCG) se estableció en contra de Irán, para consolidar las petro-monarquías del Golfo alrededor de Arabia Saudita. Existe en Arabia Saudita, desde la caída de Saddam Hussein y el ascenso al poder de un gobierno chií en Irak, la sensación de que Irán está expandiendo su influencia para allá de lo razonable. La preocupación es también fuerte en los Emiratos Árabes

Unidos, que tuvieron disputas territoriales con Irán, y cuyos miembros se pueden sentirse amenazados, como es el caso en Qatar.

Sí, por un lado, los 5+1 no deben estar sordos a las preocupaciones de los aliados tradicionales ni aislar Israel, por otro lado, también debemos preguntar: ¿cuál es el escenario alternativo para resolver la crisis nuclear iraní?

Sinceramente pienso que la vía del acuerdo es la única plausible. Sin acuerdo, solo tendremos la emergencia de nuevas tensiones. Irán volverá a su esquina y a enriquecer uranio al 20%, lo que tendrá como consecuencia el fortalecimiento interno del ala radical que usará el discurso de "que no vale la pena la negociación" y de que "Irán tiene derecho a enriquecer uranio" para regresar al poder. Los moderados serán asesinados porque políticamente Rohani ha supeditado su futuro en gran medida a la capacidad de conseguir firmar el acuerdo nuclear. Ahora bien, si los radicales llegan al poder en Irán, no será posible volver a negociar. Por lo menos en la próxima década. O sea, el escenario alternativo a las negociaciones es la peor política.

Seamos realistas, esta es una cuestión estratégica de la máxima importancia y existe, en este momento, una ventana de oportunidad, con Barack Obama en la Casa Blanca y Hassan Rohani, en Teherán. La oportunidad es enorme. El tiempo es corto.

29 La democracia sin libertad de expresión es una farsa o una tragedia

(20 de marzo 2015)

Considero, y creo que no estoy sola, que las principales causas de la actual apatía de la ciudadanía en la esfera de participación política, residen en la frustración, la alienación del electorado en la estructura de la democracia representativa y en los efectos derivados de la actividad informativa llevada a cabo por el desierto comunicacional de los medios destinados a la comunicación de masas.

Por otro lado, estamos en un momento de oportunidad para romper con este estado de cosas. Por la segunda vez en la historia (la primera fue con Guttenberg), los avances en las tecnologías de la comunicación abren por las posibilidades para una participación directa de los individuos (y de los ciudadanos) en el proceso de toma decisiones, tal como lo preconiza Tofler.

Por un lado, los nuevos medios de comunicación podrían ayudar a acercar de nuevo el gobierno a los hogares de los ciudadanos sin obstáculo de tiempo, espacio y tamaño de población. Por otro lado, generar formas de democracia directa pensadas con anterioridad, pero no aplicadas de una manera práctica debido a diversos obstáculos. en la estructura comunicativa imperante.

Creo que el mayor potencial de las nuevas tecnologías de la información, reside en su capacidad para realzar la democracia mediatizada (Zinder, 1994), cuyo primer objetivo es lograr aumentar en cantidad, pero también en pluralidad de opiniones y de posturas, las dimensiones de los canales y vías destinados a la provisión de información.

La meta a perseguir es el reforzar la democracia a través de las nuevas tecnologías, de manera que se incremente el poder político de los ciudadanos cuyo rol se encuentra habitualmente minimizado en los procesos políticos fundamentales que hoy, se encuentran cristalizados a través de un discurso único que calla cualquier alternativa, crítica o iniciativa.

Hemos estado asistiendo, de reforma en reforma, de licitación en licitación, de cierre de canales alternativos en despidos de voces críticas, a la instalación de una mordaza informativa que simula una democracia que no es ni social, ni liberal, ni operativa. Debemos ser muy reticentes a la uniformización de la fuente informativa y defender la erradicación de la centralización de la investigación informativa al recusar la maquilla de la nota informativa.

Pero existen también problemas teóricos que debemos considerar y rebasar. Por ejemplo, la atención centrada hacia el problema de los medios de comunicación se refleja en el surgimiento de dos órdenes o versiones en la denominación.

Por una parte, se han acuñado denominaciones que intentan representar un estado de la democracia en el que predomina la adecuación de la política a la lógica de los medios masivos, lo que reduce el contenido político a imágenes e informaciones superficiales para un público disperso y pasivo; se trata de la "democracia mediática", "democracia de audiencias", "democracia de públicos", "democracia sin público", "democracia espectáculo", "videocracia", "democracia televisiva".

Por otra parte, han surgido conceptos que se refieren al uso de las tecnologías de la información y a las nuevas formas de comunicación, para superar la representación (los sistemas democráticos representativos) y ejercer una participación directa en la toma de decisiones a través de la emisión de una opinión o la elección de una alternativa mediante el voto electrónico u otras formas interactivas: "tecnopolítica", la política vía satélite o "teledemocracia" (el más usado y extendido), "ciberdemocracia", "democracia electrónica", entre otros.

En los discursos democráticos de estas nuevas designaciones se sobre valoriza la variedad, utilización y el poder de los instrumentos electrónicos o digitales- televisión, la radio, los periódicos e Internet- y se presentan como sustitutos, alternativas o contribución a las transformaciones negativas de dicha forma de gobierno, donde el concepto y contenido de la democracia es uno de esos "lugares comunes que se discuten cada vez menos".

Por lo cual la atención se ha apuntado a los calificativos que se agregan al concepto de democracia(s) ligados a la comunicación y a las nuevas TIC, en neologismos y a ciertas expresiones metafóricas, pero sin la discusión obligada acerca de las condiciones económicas y sociales que hacen posible a los individuos ejercer de manera efectiva los derechos fundamentales que la democracia asegura desde el punto de vista formal.

Uno de esos derechos fundamentales es la libertad de expresión que comporta la libertad de expresión crítica, disidente y, en mi opinión (que es también la del Suprema Corte estadounidense) la libertad de blasfemia.

Libertades que los estados siempre intentaron interpretar en su forma restrictiva, aceptando la necesidad de su existencia para el funcionamiento del sistema democrático, pero utilizando todos los instrumentos -legales y otros no tan legales- para acotar, delimitar, frenar o, en algunos casos, censurar. Ahora bien, cuando su ejercicio es mermado, se instala, de forma automática, un déficit democrático.

Contra esta tendencia es importante considerar que las nuevas tecnologías, pueden, aún que no siempre, superar las barreras colocadas por los estados permitiendo que el acceso universal a la información que sólo puede existir en medio ambientes en que la libertad de expresión prima sobre otros derechos, sea considerado como una política clave en el desarrollo de una ciudadanía informada, crítica, participa y sobretodo empoderada.

He defendido, y lo continúo haciendo, que son varias las razones para suponer que las democracias que demanden a los ciudadanos deliberar y discutir sobre los problemas de su sociedad, más que expresar simplemente sus opiniones, pueden emitir valiosas decisiones mediante las tecnologías electrónicas. Precisamente los procesos de deliberación informada, pública, transparente permitirían que los individuos se formasen argumentos y acuerdos comunes, en vez de sólo expresar opiniones parciales.

Así que considero extremadamente peligroso dejar en manos de los privados y, por ende, del mercado estructurado en oligopolio, el control de la información, tanto de la infraestructura necesaria para su producción y distribución como del control de los contenidos. Desde esta postura considero que, al problema de la desigualdad como el argumento más generalizado, de que el crecimiento de una infraestructura de información privada conducirá, y ha conducido, al crecimiento de la disparidad entre aquellos que puedan formar parte de ella y aquellos que no.

Ahora bien, es evidente que sin las nuevas tecnologías hemos estado fuera del control de la información, pero, también es evidente que de forma pasiva hemos asistido a que, a través de normativas, leyes y reglamentos, se destruya la posibilidad de finalmente ejercer ese acceso desde la base. Y, tal tiene como consecuencia asumir los riesgos de regreso al autoritarismo (en lo mejor de los casos) o a las dictaduras totalitarias.

Ya que, en la ausencia de medios de comunicación libres, ese quinto poder que permite un verdadero ejercicio de la libertad de expresión y del acceso a la información, tal como James Madison escribía, hace más de un siglo "…un gobierno popular sin información popular, o los medios para adquirirla, es un preludio de una farsa o una tragedia, o quizá de ambos. El conocimiento gobernará siempre a la ignorancia y la gente que desee convertirse así misma en su propio gobernante debe armarse con el poder que confiere el conocimiento…".

30 La traición de los intelectuales

(01 de abril 2015)

Desde hace una década vivimos bajo terribles miedos que han transformado nuestro cotidianos en un ejercicio diario de control del pánico: el miedo a ser asaltados, el miedo a ser secuestrados, el miedo a ser muertos por el crimen organizado o por el delincuente aislado, a sabiendas que estos crímenes quedarán, con toda probabilidad, impunes.

A esta realidad, llamamos, decorosamente, "inseguridad". Palabra técnica que crea la panacea de la abstracción, a través de la cual podemos simular, que la crueldad, la violencia y el mal, lo inenarrable que pasa a nuestro alrededor, son sucesos de un lugar, "de cuyo nombre no queremos acordarnos".

Hasta algunos meses atrás podíamos hablar de estos y otros temas con los amigos, escribir sobre ellos en los periódicos, comentar en las redes sociales, participar en política o ser activista social con un cierto margen de maniobra que nos producía una sensación de libertades ejercidas en una democracia, imperfecta, pero altamente tolerante.

Sin embargo, este espejismo en el desierto que nos proporcionaba la inefable sensación de la existencia de condiciones reales para el ejercicio de las libertades políticas (ya que desde hace mucho abandonamos la ficción de que tenemos acceso al pleno ejercicio de los derechos sociales y económicos) se ha roto en pedazos como un cristal impactado por una roca. Y lo que tenemos en manos, son los pequeños fragmentos cortantes que dejan nuestras manos ensangrentadas.

Es evidente que esa "roca" fue Iguala y que existe un antes y un después de la desaparición forzada y masacre de los 43, ordenada por un representante electo y llevada a cabo en un operativo conjunto de fuerzas de seguridad del estado apoyados logísticamente por el narco. O viceversa, ordenada por un capo y llevada a cabo por un aparato de gobierno. No lo sabemos exactamente, porque la maraña, la imbricación entre los dos órdenes, impiden hacer la separación.

Es precisamente este problema de la imposibilidad real de la separación que tenemos que analizar de frente y atacar desde todas las trincheras. En particular desde la academia y desde la acción política del intelectual.

Creo que hay que preguntarse sobre este dato esencial que reside en la imposibilidad de separar. No podemos decir, mecánicamente, que lo que pasa cuando un grupo del crimen organizado decide matar no tiene nada que ver con el estado. Este es uno de los tres grandes debates que esperaría ver durante las próximas semanas de campaña electoral. Este es un debate que no será realizado. Los otros dos serían los ejes de la política exterior (que nunca es parte del debate electoral en México) y las propuestas concretas para la calidad de vida.

Sin embargo, si a los candidatos y a los partidos les parece "natural" rehuir de este debate fundamental, a la academia (me refiero en particular a la universidad como institución plural) no le resta más que ocupar ese vacío, ya que tiene, por su propia naturaleza de vanguardia, la obligación de analizar los acontecimientos de los últimos meses y de adelantar los grandes temas que, como filósofos, sociólogos, politólogos, médicos, juristas, pintores, biólogos economistas, psicólogos, ingenieros, matemáticos, químicos o físicos creemos que van a ocupar a la opinión pública y las preocupaciones de los ciudadanos en los próximos meses y sobre los cuales la clase política callare y los medios de comunicación masivos intentarán manipular.

Una academia que ha estado pasiva, autista. Un mundo intelectual que ha estado en estado de hibernación.

Es altura de despertar, es el momento de retomar la tradición de vanguardia. Es necesario reivindicar el liderazgo intelectual que aporta positivamente al debate informado y crítico sobre todas las cuestiones relacionadas con nuestro presente y sobre los futuros híbridos. Caso contrario continuaremos en una trayectoria de marginalización voluntaria que nos transforma en traidores a la sociedad, de la cual emanamos, de la cual somos parte integrante y para la cual debemos trabajar.

No podemos continuar como si no hubiese nada en nuestras sociedades que permita la violencia protegida por estructuras construidas con la complicidad del silencio de amplios sectores. Estamos obligados como investigadores, como comunidad científica, a hacer una reflexión a fondo, y liderar la apertura del debate público, sobre los conceptos de "estado fallido", de "narco estado", sobre los movimientos sociales, sobre las "autodefensas", sobre las diferencias entre seguridad nacional y seguridad pública, sobre el estado de derecho constitucional, sobre la pobreza, sobre la distribución de la riqueza, sobre las brechas digitales, sobre la transparencia, sobre la discriminación y la equidad, sobre las capacidades productivas, las tecnologías, sobre las estructuras de trabajo, las demografías y la seguridad social.

Estamos obligados a analizar la definición de las políticas públicas, la responsabilidad de los servidores públicos, estudiar a fondo las funciones, obligaciones y sobre todo los límites de la acción del Estado para con sus ciudadanos, frente a sus ciudadanos y por sus ciudadanos, en el siglo XXI.

He siempre defendido y continúo creyendo que hay que cuestionar también, desde la academia, lo que permite la existencia, desde el aparato de Estado, de *torquemadas*, inquisidores, guerreros desbocados, manipuladores de elecciones, corruptores de masas, defraudadores del erario público, y lo que impide la luz, los valores de libertad y la filosofía como eje central de nuestras sociedades.

El intelectual y la academia deben retomar su posición central en este debate, que subrayo, ocupa el espacio dejado vacío por el debate político ausente. Debate que complementa al otro, al debate en la opinión pública, distorsionado por una maquila de la comunicación de masas controlada por grupos de interés. No es un tema sencillo, no son temas sencillos, y aunque he reconocido que nos corresponde hacer un debate dentro de la academia, este debate no debe permanecer en la torre de marfil de nuestros centros de investigación, sí debe ser realizado entre la academia y la sociedad. Por otro lado, de cierta forma abogo por conducirlo desde la perspectiva de occidente, porque defiendo que el mismo debe estar inscrito en el paradigma de los derechos humanos.

El intelectual (uso este término en la definición francesa de la intervención del grupo en el espacio del conocimiento y en el espacio político), en los últimos años, ha dejado esta reflexión, la más polémica de sus actividades sustantivas, para el final de su lista de acciones. Se ha paulatinamente convertido en el "especialista" que no opina fuera de su microscópico tema de investigación, o en el "tecnócrata" que ejecuta un proceso que no cuestiona.

Esta reducción de la función del intelectual al mero rango del "especialista" y de la academia a la una unidad de producción de "competencias y destrezas" para un mercado, ha sido fatal para nuestras sociedades. Antes, en el pasado reciente del siglo XX, el intelectual advirtió contra las voces que producían a los totalitarismos, y señaló los retos de los futuros posibles, abrió el debate sobre las libertades y cuestionó el uso de los productos y posibilidades del propio progreso tecnológico.

Hoy, por hoy lo ha dejado de hacer. Ejecuta procesos, observa pasos metodológicos, produce tablas comparativas, es un elemento esencial en del complejo militar-industrial. Incapaz, por su propia formación de asumir el papel del visionario o el método del filósofo ante los problemas actuales, todo lo que puede hacer es una simulación de "reformas" enmascaradas en una terminología repetitiva: credibilidad, disciplina presupuestaria, recorte al gasto público, bonos europeos, troika, fondo europeo de estabilización financiera, edge funds, etc., etc.

En el momento actual, cuando hace falta, rápidamente, parar a la extrema derecha xenófoba, cortarles el camino a los autoritarismos, y estar alertas contra toda forma de amalgama entre estado y crimen organizado, cuando los deseos de venganza ciega que solo pueden añadir odio al odio atacan los cimientos de los avances de las últimas décadas en materia de derechos humanos, el intelectual, la academia y los intelectuales están en silencio y, por veces imposibilitados, de crear el debate profundo, urgente y necesario sobre la sociedad fracturada y el fin de la abundancia.

Este silencio cómplice, o esta imposibilidad auto construida de acción, constituyen una traición, porque el intelectual y la academia se dejaron reducir al analfabetismo funcional del "especialista", en el mejor de los casos, o bien se dejaron hipnotizar por las prebendas de la cercanía al poder, que confunden con el ejercicio del poder, sin identificar que las mismas solo son cuentas de color y espejitos que cambian por el "oro" de la legitimación que otorgan a regímenes impresentables, a violaciones continuas de la dignidad humana, a opciones pseudo reformistas.

Ahora bien, el silencio de la academia y la no acción política de los científicos ante la actualidad, han sido siempre la marca escarlata de la traición de los intelectuales y una segura señal de decadencia de las civilizaciones. Después nos sorprendemos de las decidas al infierno de la violencia del crimen organizado o de los radicales de todo tipo...y de las hogueras dónde se quema al hombre y al libro.

*El título de la columna es un discreto homenaje a Julien Benda y su obra del 1927 "La Trahisión des Clercs"

31 La era de la política "postverdad" / Teresa Da Cunha Lopes

(08 de abril 2015)

Podría iniciar esta nota definiendo nuestra era como un período "post-era". Somos "post" todo: somos postmodernos, lo que significa que traemos una confusión descomunal en las células grises que simula un bagaje cultural. Bajo de un punto de vista económico, somos postfordistas, porque la introducción de nuevas tecnologías permite el uso de máquinas que se pueden reprogramar, lo que introduce flexibilización en la producción y que trae como consecuencia la necesidad de una capacitación continua de los trabajadores. Y, como diría Krugman, somos postverdad, porque en el campo de lo político "nunca se cede un argumento por equivocado que esté".

Yo, que no soy tan académica como parezco y bastante más sensata de lo que aparento, creo que estamos en una era en que hemos perdido cualquier rastro de vergüenza en el terreno público, en particular en materia de política económica. En la realidad creo que estamos en un período "post-valemadrismo".

Puedo estar errada, no digo que no. Es cierto que todo el mundo comete errores. No sería la primera vez que cometo alguno. Pero, las reformas que entraron en vigor plenamente a principios de 2014 no aceleraron el empleo en el sector privado. Por otra parte, el empleo a tiempo parcial involuntario —el número de trabajadores que desean un trabajo a tiempo completo, pero no lo consiguen— ha caído drásticamente. Este panorama negativo, viene ahora a complicarse con la dinámica a la baja del precio del petróleo y con la manutención de los índices de endeudamiento de los estados.

Los sospechosos de rigor hablan como si mis terribles predicciones económicas a lo largo de las humildes columnas del año 2014, fuesen fruto de insondables complejos personales y de grandes enemistades con algunos actores políticos. No lo eran. Eran una visión que se construyó a partir de la lectura de datos duros y de la comparación con resultados obtenidos en otros contextos similares que aplicaron los mismos modelos. Y, que por lo tanto rehacían los mismos errores de planeación y de no evaluación de riesgos, una y otra vez. O sea, los políticos rehacen, una y otra vez, con asombrosa pericia su estrategia de una política "postverdad". Nosotros, rehacemos, una y otra vez, nuestra agotadora (y sin grandes resultados) retirada a la esquina de los "indignados".

Desde ya confieso, que tengo mucha pena que mis pronósticos pesimistas se hayan hecho realidad. Hubiera preferido un resultado contrario. Pero, todavía no hemos pasado por lo peor. Abrochen sus cinturones de seguridad, porque en era de recesión, lo peor que puede hacer el ejecutivo es activar una política de recortes, ya que esta es, siempre, el mayor destructor de empleo y el mayor freno a la llamada recuperación. Pero, esta vía equivocada, es la que fue anunciada por el ejecutivo y votada por el legislativo.

Como por diversas veces lo afirmé y escribí, para contrarrestar la espiral negativa de los últimos años -y para contrarrestar el momento de estancamiento económico- el Estado tiene la obligación de estimular la demanda con mayores gastos económicos. O sea, con inversión en infraestructura y gasto público, en particular con la defensa de los programas sociales. Y, de no someter sus opciones de política económica al baile de las "finanzas de casino". Y, mucho menos justificar la impericia en la conducción de la política económica con una única variable externa- la espiral a la baja del precio del petróleo y la consecuente merma en los ingresos presupuestos a finales de noviembre del 2014- sobre la cual se ha generalizado una frase clave: "Nadie podía haberlo predicho…".

Es lo que uno dice con relación a desastres que podían haber sido predichos, debieran haber sido predichos y que realmente fueron predichos por unos pocos economistas que fueron tomados a broma por tomarse tal molestia. O sea, lo que se justifica con esa frase, es el "post valemadrismo" de todo un equipo económico que se lava las manos del lío en que nos dejaron caer, porque nunca analizaron posibilidades, escenarios alternativos o hicieron ejercicios de prospectiva.

Además, continúan sin hacer un mínimo esfuerzo para buscar otras soluciones que no pasen sobre los recortes anunciados (y preocupantes) de programas prioritarios para el desarrollo del país.

Tres años antes del presente descalabro de los precios del petróleo, todas las señales de la grande crisis que nos viene por encima estaban ahí, frente a nuestras narices. El tema de la deuda pública en las entidades federales era, desde el 2012, un tema de suma gravedad que no podía ser pasado por alto, ya que se apreciaba un claro y notable endeudamiento en las finanzas públicas de las entidades federativas a partir del año 2000.

Este endeudamiento de las entidades federativas que contrastaba con el excelente comportamiento de la deuda soberana de la Federación hasta el 2012, colocaba cuestiones de deficiencias estructurales y de falta de 'tecné' de las autoridades estatales en materia financiera y era la prueba de la existencia de un entramado de corrupción que absorbía cualquier tentativa de rescate desde la Federación. Y, si no existe ese "Mexican Moment", por el cual ya todos nos cansamos de esperar, el culpable no es "el precio del petróleo", sí la ineptitud política para atacar el problema del castillo de naipes que es el endeudamiento de los estados.

¿Se atacó este cáncer? A duras penas se acaba de pasar una legislación anticorrupción y se avaló, a principios de marzo 2015, en comisiones el tope a deuda de estados y municipios. ¿Cómo podemos explicar esta ausencia de acción que roza el valemadrismo en términos de política económica? Sólo puede ser explicada en un plano más profundo, como una consecuencia del impacto de la "política postverdad".

Vivimos en una era en la que los políticos y los supuestos expertos que los sirven nunca se sienten obligados a reconocer los datos incómodos, en la que jamás se abandona ningún argumento, por muy abrumadoras que sean las pruebas de que está errado y, como consecuencia nunca tenemos una política preventiva.

En el mejor de los casos, y si bien nos va, nos resignamos a algunos parches reactivos. Y, confiamos, SIEMPRE, en la protección de la Virgen de Guadalupe.

Acerca de la autora

Teresa Maria Geraldes Da Cunha Lopes es Doctorada en Derecho,
Investigadora del Centro de Investigaciones Jurídicas y Sociales de la
Facultad de Derecho y Ciencias Sociales de la Universidad Michoacana de
San Nicolás de Hidalgo, Investigadora Nacional SNI Nivel I. Sus áreas de
investigación son Derecho, Información y Nuevas Tecnologías y Sistemas
Jurídicos Comparados. Ha trabajado en la Universidad de Minho (Portugal)
y ha sido Becaria del Gobierno Japonés en la Universidad Imperial de
Gakushuin (Tokyo, Japón). Es egresada de la Universidad "Panthéon -
Sorbonne/ Paris I). Es columnista en diversos medios de comunicación
nacionales e internacionales y Directora de la Revista Internacional de
Ciencias Jurídicas RICJ

Título:

Tomar Partido.

Ensayos y Crónicas Periodísticas sobre Derecho, Economía, Política y Sociedad
(abril 2014- abril 2015)

Autor:

Teresa Maria Geraldes Da Cunha Lopes

Edición:

Primera Edición

Fecha de Edición:

29 de abril 2016

Diseño de Edición:

Pedro Emiliano Rusiles

Colección Transformaciones Jurídicas y Sociales Serie 14 no. 1

Facultad de Derecho y Ciencias Sociales UMSNH

ISBN-13: :978-1533271105

ISBN-10:1533271100